산은 여기 있는데
나는 어디에 있으려나

산은 여기 있는데 나는 어디에 있으려나

초판 1쇄 | 2024년 4월 10일

지은이 | 김희범

발행인 | 박장희
대표이사·제작총괄 | 정철근
편집 | 김이수
디자인 | 디자인 카라

발행처 | 중앙일보s(주)
주소 | (03909) 서울시 마포구 상암산로 48-6
출판등록 | 2008년 1월 25일 제2014-000178호
판매 | 02-2031-1022
홈페이지 | jmplus.joins.com

ⓒ 2024 김희범

ISBN 978-89-278-8033-2 03980

- 이 책은 저작권법에 따라 보호받는 저작물이므로 무단 전재와 무단 복제를 금하며 책 내용의 전부 또는 일부를 이용하려면 반드시 저작권자와 중앙일보s(주)의 서면 동의를 받아야 합니다.
- 책값은 뒤표지에 있습니다.
- 잘못된 책은 구입처에서 바꿔 드립니다.

김희범의 등산 미학, 산에서 띄우는 인생 편지

산은 여기 있는데
나는 어디에 있으려나

월간중앙

· 저자 서문 ·

나는 산에 빠져 산을 사랑하는 사람이 되었다. 〈그대 없이는 못 살아〉는 나 어릴 적에 패티김이 불러 크게 인기를 끈 노래다. 정말이지 나는 '산 없이는 못 사는' 사람이 되고 만 것이다.

6년 전, 친구들과 용문산 계곡에 놀러 갔다가 등산 준비도 없이 홀로 장군봉에 올랐다. 더 욕심을 내서 용문산 정상(가섭봉)까지 오르려다가 안개 속에서 겁에 질리고 말았다. 이때 우연히 한 산악인을 만나 도움을 받고 동무 삼아 무사히 정상에 올랐다. 1100m가 넘는 고지에서 바라보이는 구름 속 아스라한 산맥의 행렬에 나는 심장이 멎는 줄 알았다. 바로 그 순간 산의 매력에 풍덩 빠지고 만 것이다.

그전에도 동네 뒷산 정도의 산이야 자주 다녔지만, 산악인을 자처하고 1000m 이상급 준봉을 섭렵하기 시작한 것은 이때부터였다. 그러면서 산행기도 쓰기 시작했다. 산행을 다녀온 이튿날 아침이면 어김없이 산행기를 올렸다. 산행기를 쓰자면 산에 관한 정보 말고도 일반교양은 물론 역사, 문화, 지리 등의 광범위한 지식과 통찰이 필요했다. 그런 면에서 크게 부족함을 느낀 나는 등산과 더불어 책도 더 열렬히 읽게 되었다. 이렇게 나는 산악인을 넘어 책을 읽는 사람, 글을 쓰는 사람이라는 타이틀까지 얻게 되었다. '등산' 하나로 인해 일석삼조의 삶을 얻은 것이다.

그러는 중에 jtbc·중앙일보 최고경영자과정 J포럼을 수강했다. J포럼 단톡방에 재미 삼아 산행기를 올렸는데 나의 좌충우돌 웃기는 개똥철학이 버무려져서 그런지 반응이 꽤 좋았다. 마침 함께 수강하던 월간중앙 편집장의 권유로, 산행기를 '김희범의 등산 미학'이라는 제목을 달아 월간중앙에 연재하게 되었다. 무척 기뻤다.

더 험하고 더 높은 산을 오르고 싶은 욕심처럼 산행기에 대한 욕심도 자란 데다가 독자들의 성원에 보답하고자 내친김에 책으로까지 내게 되었다. 내 이름으로 내는 인생의 첫 책이다. 이 책이 나오기까지 감사해야 할 사람이 많다. 특히 나의 산행 동무 여러분께 감사하지 않을 수 없다. 끝으로 한 사람, 아내에게 감사한다.

갑진년 봄에, 김희범

차례

004　저자 서문

봄

013　고난 가운데 더욱 빛나는 인생의 아름다움
　　_ 중국 차마고도 옥룡설산에서 보내는 인생 예찬

029　산이 베푸는 선물, 삶의 지혜와 건강
　　_ 서산 가야산에서 보내는 등산 예찬

041　우리를 건강하고 행복하게 하는 것들
　　_ 통영 사량도에서 만난 무릉도원

051　남한강에서 백로와 놀던 햇봄
　　_ 여주 파사산과 신륵사의 봄 소풍

059　친구를 갖는 것은 또 하나의 인생을 갖는 것
　　_ 후쿠오카 호만산 아래 매화 꽃대궐

069　그곳이 차마 꿈엔들 잊힐 리야
　　_ 옥천 환산에서 더듬는 역사의 흥망성쇠

077　내 인생의 마지막 30초가 주어진다면
　　_ 고창 선운산에 갔다가 얻은 깨달음

여름

087　가슴 떨리는 충만한 삶을 위하여
　　_ 광주 무등산, 삼복더위에 새기는 초인의 외침

097　인생은 오늘을 사는 것, 내일은 그저 덤
　　_ 대마도 유명산에서 맞은 여명

105　시든 꽃 새로 피는, 청풍명월의 삶
　　_ 제천 금수산 얼음골에 쌓은 공덕

115　하늘과 바람과 별 그리고 생사에 관하여
　　_ 고성 소똥령에서 넘는 생사의 언덕

125　인간세상을 널리 이롭게 하리라
　　_ 강화 마니산 참성단에서 되새기는 재세이화

131　동쪽 먼 심해선 밖 한 점 섬에 가다
　　_ 울릉도 성인봉과 독도에서 생각하는 국토

139　산에서는 늘 신중하고 겸손해야 하는 이유
　　_ 가평 칼봉산 경반계곡에서의 아찔한 순간

147　오늘 하루 나도 신선이 되어 보고 싶은 산
　　_ 삼척 덕항산 환선굴, 세월이 빚은 예술

153　아름답게 저무는, 영원히 잊지 못할 하루
　　_ 군산 선유도 대장봉에서 돌아보는 인생

161　행주치마는 행주산성의 그 행주가 아니다
　　_ 고양 덕양산 행주산성에서 만난 인화의 리더십

169　마음이 몸의 주인일까, 몸이 마음의 주인일까
　　_ 속리산 종주, 나를 잃었다가 되찾은 하루

177　깨복쟁이 친구들과 함께한 빛나는 '순수의 하루'
　　_ 순천만에서 다시 만난 고향 친구들, 50년 그리움의 회포

가을

189 진실로 간절하다면, 꿈은 이루어진다
_ 꿈에 그리던, 설악산 대청봉~공룡능선 완주의 기쁨

203 드넓은 초원 소똥밭에 구르자니 드는 생각
_ 몽골 열트산에서 내게 보내는 편지

213 깊은 사랑으로 아름다운 한 쌍의 원앙
_ 화성 국화도에서 생각하는 사랑의 의미

225 인생길에서 불행과 실패를 다루는 법
_ 북한강 '정약용길'에서 새기는 인생론

233 등산이 왜 그리 좋은지, 친구의 물음에 답을 찾다
_ 대구 팔공산, 갓바위 찍고 비로봉에서 동화사까지

241 좋은 산은 목마른 인생을 적시는 오아시스
_ 서울 남산 둘레길의 경이로움

247 내 생애 최고 행운은 덕진 산골에서 태어난 것
_ 고향 덕진 뒷동산에 올라 그리운 벗들 생각

겨울

257 그 겨울, 설산이 나를 일으켜 세우다
_ 눈꽃 덮인 남덕유산, 생동하는 우주의 기운

271 권력 무상, 열흘 붉은 꽃 없네
_ 중국 시안, 화산의 절경과 유서 깊은 역사

281 해야 솟아라, 붉게 솟아서 새날을 밝혀라
_ 고흥 팔영산에서 맞은 새해 첫날 해돋이

289 문자와 책은 인류 문명 발달의 원동력
_ 눈 덮인 태백산에서 보내는 편지, 책과 인생

299 북한산, 이토록 아름다운 산이었다니!
_ 외국인들도 즐겨 찾는 북한산의 매력

307 송년 산행과 두 아들 이야기
_ 관악산에서 한 해를 보내는 특별한 감회

317 인생에서 향기가 폴폴 나는 친구를 만나
_ 감악산 빗속 안개에 잠겨 듣는 인생 철학

325 무엇이 진정으로 가치 있는 삶인가
_ 서울 가양동 궁산에 올라 생각하는 위인들 그리고 누님

春

봄

묻노니, 그대는 왜 푸른 산에 사는가
웃을 뿐 답은 않고 마음이 한가롭네
복사꽃 띄워 물은 아득히 흘러가나니
별천지 따로 있어 인간 세상 아니네

_ 이백, 〈산중문답(山中問答)〉

고난 가운데 더욱 빛나는 인생의 아름다움

중국 차마고도 옥룡설산에서 보내는 인생 예찬

옥룡설산의 저 날카로운 정상을 보라. 이 세상 모든 북풍한설을 다 맞고도 당당하게 서 있지 않은가! 아름다운 인생이란, 저 옥룡설산 정상처럼 수많은 인연을 다 품으면서도 담대하게 흔들림 없이 나답게, 묵묵히 잘 사는 인생일 것이다.

시작부터 조마조마한 여정

히말라야산맥 남쪽 끝자락에 있는 가파르고 뾰족한 옥룡설산 玉龍雪山 정상은 구름만 오를 수 있고, 옥룡설산(5596m)과 하바설산 (5396m) 사이의 깎아지른 듯 아찔한 호도협虎跳峽은 호랑이만 뛰어넘을 수 있다고 한다.

이 험악한 길을 서기전 400년 무렵부터 차茶와 말, 소금을 말에 싣고 밤낮으로 묵묵히 걸어 오갔던 이들이 있다. 차마고도茶馬古道 마방(상인단)이다.

인생길이란 원래 고단하다지만, 이 차마고도에 가족의 생계를 건 마방의 고단함은 도무지 가늠이 서지 않았는데, TV를 통해서 본 그들의 고행은 눈물겨워서 차라리 아름다웠다. 이제 그 아름다움을 직접 체험하게 되었으니 하나의 바람을 또 이루었다. 차마고도 옥룡설산 산행 결심에 그 바람이 작용했다.

2024년 2월 22일, 마침내 재경광주대동총동문회 대산회 회원들을 주축으로 꾸려진 차마고도 옥룡설산 산행 팀의 일원으로 닷새간의 여정에 나섰다.

여정의 첫째 날, 인천공항을 출발해 중간 기착지 청두 공항에 내려 호텔로 이동했다. 매운 쓰촨 음식으로 저녁을 먹은 뒤 다음 날 새벽 청두 공항으로 가기 위해 일찍 잠자리에 들었다.

이튿날, 목적지 리장을 향해 가는 청두 공항 출국장은 새벽 시간인데도 사람들로 북새통이었다. 중국의 설 명절은 길어서 보름이 되어야 끝나는데, 고향에서 설을 쇠고 다시 일터로 돌아가는 연휴 마지막 날이라고 했다. 왠지 출발부터 마음이 불안했다. 아니나 다를까, 마음은 급한데 공항 보안대원이 검색대에서 내 가방을 꺼내더니 내용물을 바닥에 쏟았다. 내 불찰이었다. 짐가방에 넣어야 할 아이젠을 기내 반입 배낭에 넣은 것이다. 아이젠을 압수당한 뒤 배낭을 들쳐 메고 날다람쥐처럼 뛰어 가까스로 탑승 게이트에 도착했다. 비행기 출발 1분 전이었다.

1시간 30분 후, 비행기는 구름 속을 날아 드디어 차마고도를 품은 도시 리장에 도착했다. 인구 30만 명의 리장麗江은 해발 2250m 고지대의 도시로, 차마고도의 중심지이자 2400년 역사의 고도古都다.

리장 공항에서 호도협 트레킹의 시작점인 교두진으로 가는 도로는 편도 1차선이다. 가던 도중 차가 멈춰 섰다. 앞쪽에서 교통사고가 나서 1시간 30분을 무료하게 기다려야 했다. 그래, 중국은 '만만디'의 나라 아닌가! 여기서는 조급증을 버리기로 했다.

TV에서만 보던 그 마방

교두진에 도착해 현지에서 '빵차'로 부르는 미니밴에 3~4명씩 나눠 타고 고갯길을 올라 산 중턱의 '일출소우'에 도착했다. 날씨가 급변해 부슬비가 내렸다. 한참을 더 올라가자 2400년을 숙명처럼 살아왔다는 그 마방들이 우리를 기다리고 있었다. 내 눈에는 그들이 수년 전 TV 다큐멘터리 〈차마고도〉에서 보았던 꼭 그 사람들, 그 말처럼 보였다.

다큐멘터리에서 본 그들의 애환이 떠올라 눈시울이 붉어졌다. 구구절절한 사연을 품고 마방의 길을 걷는 이들은 무거운 소금과 곡식, 차와 도자기를 말에 싣고 이 험한 산길을 더우나 추우나 힘

들게 오갔을 것이다.

 마방들을 따라나섰다. 하바설산 중턱 어느 산봉우리에 올라서자 눈앞에 경이로운 세상이 펼쳐졌다. 그토록 와보고 싶었던 옥룡설산, 차마고도 그리고 호도협이었다. 옥룡설산은 남북으로 35km, 동서로 13km의 국립공원 내에 13개의 봉우리가 있다. 최고봉인 샨지두봉은 해발 5596m다. 중국 국가 풍경 명승구로서 유네스코 세계유산에, 리장 옥룡설산 풍경구로서 중국 최고 레벨(5A급)의 국립공원으로 지정되어 있다.

세상에서 가장 아름다운 길, 차마고도

 차마고도茶馬古道는 중국의 높고 험준한 옛길로 실크로드와 함께 역사상 가장 오래된 교역로다. 윈난·쓰촨성의 차와 티베트의 말을 교환했다고 해서 그런 이름이 붙었다. 길이가 5000km에 이르며 평균 해발고도 4000m 이상인 높고 험준한 길이다.

 5000m 이상의 설산들과 진사강金沙江, 란창강瀾滄江, 누강怒江이 수천km의 아찔한 협곡을 이루어 세계에서 가장 아름다운 길로 꼽힌다. 세 강이 이루는 협곡은 2003년 유네스코 세계자연유산으로 등재됐다.

 호도협은 인도 대륙과 유라시아 대륙의 지각운동으로 만들어진 16km 길이의 대협곡이다. 사냥꾼에 쫓기던 호랑이가 바위를 딛

고 한달음에 이 협곡을 건넜다 하여 호도협이다. 까마득히 보이는 두 설산 아래 호도협의 물살이 파르스름한 빛을 띠고 아련하다. 내륙을 타고 6300여km를 흐르는 양쯔강 상류다. 그 호도협을 조망하며 걸을 수 있는 하바설산 중턱에 우리가 걸어갈 차마고도가 꾸불꾸불 끝없이 이어졌다.

눈앞에 펼쳐지는 대륙의 장관에 가슴이 파도친다. 저 웅장한 대자연에 비하면 나는 얼마나 작고도 작다는 말인가! 저 멋진 설산

처럼, 나도 웅대하고 장엄하게 다른 사람에게 희망과 용기와 평화를 주는 멋진 사람으로 살아야 하지 않겠는가!

옥룡설산의 저 날카로운 정상을 보라. 이 세상 모든 북풍한설을 다 맞고도 당당하게 서 있지 않은가! 아름다운 인생이란, 저 옥룡설산 정상처럼 수많은 인연을 다 품으면서도 담대하게 흔들림 없이 나답게, 묵묵히 잘 사는 인생일 것이다.

마음 하나 가득 감동을 안고, 대자연과 호흡하며 힘든 줄도 모르고 4시간을 걸어 차마객잔에 도착했다. 옛 마방들이 묵고 갔다는 숙소는 작았지만 아늑했다. 침대와 전기시설, 샤워장 같은 편의시설도 갖춰져 있어 좋았다.

두 설산이 이룬 신비의 계곡, 호도협

사흘째 여정 아침. 찬란히 떠오르는 태양 빛에 반짝이는 설산 봉우리는 참으로 매혹적이다. 왜 이곳이 이상세계를 뜻하는 샹그릴라Shangri-La인지 알 것 같았다. 자세히 보니 샹그릴라는 그냥 가만히 있지 않고 바람과 구름 따라 사라졌다 나타났다 요술을 부린다.

아침 8시, 우리는 다시 차마고도 트레킹을 이어 나갔다. 산수화 속 무릉도원을 걷는 듯 마음이 가벼웠다. 기암괴석 낭떠러지에 난 좁은 길을 조심조심 지나자 리장의 소수민족인 나시족 여신을 모셨다는 사당 관음사가 발걸음을 끌어당긴다. 하바설산 정상에서 흘러내리는 물줄기가 수백 m 장관을 이루며 계곡으로 떨어졌다. 관음폭포였다.

점심을 먹고, 호랑이가 훌쩍 뛰어넘었다던 중호도협으로 발길을 옮겼다. 좁고 가파른 길을 1.5km 내려가자 하바설산 중턱에서 봤을 때 신비하고도 무섭게 보이던 그 파르스름한 빛깔, 그 무서운 소리의 정체와 마침내 만날 수 있었다. 옥룡설산과 하바설산에

서 녹아내린 눈이 무섭게 물살로 변해 좁은 협곡을 지나면서 울부짖는 소리였다.

그런데 참으로 신기하게도 바로 앞 30m도 못 가서 협곡이 깊고 넓어지자 언제 그랬냐는 듯 물살은 유유자적 고요히 바다를 향해 흘렀다. 어쩌면 우리 인생도 이와 같아서 수시로 희비가 갈리고, 하루에도 서너 번씩 울다가 웃고, 웃다가 운다.

조금 더 가까운 곳에서 멋지게 포효하는 물보라를 보았다. 가만히 귀 기울여 한참을 보고 또 보았다. 그 멋있는 소리와 색깔의 정체는 바위에 부딪혀 환장하게 아픈 물의 비명이었다. 그렇다. 우리 인생도 고난과 고통이 있어 더 아름다운 건 아닐까. 벅찬 감동을 안고 오늘 하룻밤을 묵어갈 '장선생객잔'에 도착했다.

옥룡설산 4000m 지점, 난생처음 겪는 고지

나흘째 여정. 드디어 이번 트레킹의 하이라이트인 옥룡설산에 오르는 날이다. 응원이라도 하듯 처음으로 구름 한 점 없이 맑은 하늘이다.

아침 7시에 버스를 타고 2시간여를 달렸다. 아열대 기후에서 자라는 커피와 올리브, 파인애플을 재배하는 농장을 지난다. 이윽고 옥룡설산 등산로로 올라가는 케이블카를 탔다. 케이블카 승객 가운데는 산소통을 멘 젊은이들도 보였다. 고산지대라는 사실이 그때야 실감났다.

옥룡설산 정상으로 가는 등반 출발지는 해발고도 3500m나 되는 고지대다. 내 눈앞에 있는 거대한 설산은 엊그제 이틀 동안 멀리서 보던 산이 아니다. 범접하기 힘든 거대한 산이다.

고산지대 산행을 준비하는 우리의 안전을 위해 현지인 가이드 2명과 셀파 2명이 추가로 합류한 뒤 드디어 옥룡설산 등반에 나섰다.

우리 일행은 깊이 눈 쌓인 등산로를 헤치고 한 발짝 한 발짝 나아갔다. 넓은 구릉지와 전나무 군락지, 야크 목장을 지나자 아담

한 산야 목장이 나타났다. 그 목장에서 셀파들이 가져온 물로 끓인 누룽지와 반찬을 나눠 먹고 옥룡설산을 오르기 시작했다.

나는 가이드 뒤에 바짝 붙어 선두를 놓치지 않았다. 무릎까지 푹푹 빠지는 눈을 헤치고 턱까지 차오르는 가쁜 숨을 몰아쉬며 정상을 향해 힘차게 나아갔다. 시간이 지나자 체력이 고갈돼 포기하는 이들이 나타나기 시작했다.

어느 순간, 가이드를 따르는 사람은 나밖에 남지 않았다. 다행히 나는 고산병은 없었다. 고산 트레킹은 자기 호흡에 발걸음을 맞추어 걸어야 한다는 것을 가이드에게 배웠다.

얼마 뒤, 가이드가 약속된 오후 2시라면서 더 갈 수 없다고 X자를 그었다. 하산을 위해서는 40%의 체력이 남았을 때 멈추어야 하고, 리장의 숙소로 무사히 돌아가려면 여기까지가 최선이라고 했다. 스틱 하나에 아이젠도 없이 무릎까지 푹푹 빠지는 눈밭을 헤치고 난생처음 4000m가 넘는 고지에 올랐는데, 여기서 멈추기는 아쉬웠지만 어쩔 수 없었다. 모르는 산에 와서는 그 산을 잘 아는 사람의 말을 따라야 탈이 없다.

이나마도 훌륭하다고 자화자찬하며 행복감에 젖어 있는데, 이번 산행의 주인공인 신이 선배가 4020m 고지를 홀로 올라오고 있었다. 우리는 두 손을 잡고, 우리가 올라온 옥룡설산과 더 가지 못하고 남은 옥룡설산을 차례로 바라봤다. 이게 인생이다. 우리가 매일 같은 삶을 사는 것 같으면서 다른 삶을 살아가듯 등산도 그렇다.

마방들이 고뇌와 고통의 길 위에서 삶의 아름다움과 보람을 찾았듯, 이번 우리의 산행은 눈, 비, 바람, 태양, 우정, 인내와 함께한 종합 선물세트 같은 여정이었다. 위도상 옥룡설산의 2월 하순 날씨는 눈이 많이 내리지 않고 영상의 기온에 금방 녹아내린다는데, 찬란한 새봄에 새하얀 마음으로 다시 시작하라는 듯 영험한 옥룡설산의 여신은 10년 만에 웅장하고 아름다운 설산을 우리에게 선사하신 게 아니겠는가!

우리는 리장 시내의 고풍스런 숙소에서 만찬을 마친 후에 노곤

한 몸을 이끌고 차마고도의 옛 시장을 구경했다. 옹기종기 이색적인 다양한 가게들과 빛의 향연이 아름다웠다. 거리는 잦은 지진으로 인해 2층 목조건물이 대부분이었다. 알록달록 아기자기하게 꾸며진 시장 중심으로 작은 개울이 흘렀다. 자연과 고풍미가 어우러진 아름다운 도시다.

인상적인 뒤풀이, 장엄한 공연

닷새째 여정 아침 9시, 버스를 타고 옥룡설산 관광 구역으로 들어갔다. 옥룡설산에서 흘러내린 물로 채워진 아름다운 호숫가에 노닐며 여유로움을 만끽했다. 이윽고 옥룡설산을 배경으로 펼쳐진 장이모우 감독의 공연 〈인상여강가무〉印象麗江歌舞를 관람했다. 총 6부로 구성된 장엄한 공연이다.

1부는 티베트로 차와 소금 등을 싣고 한번 떠나면 언제 돌아올지 모르는 마방들의 애환, 길 떠난 가장 대신 가족을 돌봐야 했던 아낙들의 눈물이 주제다.

2부는 대주설산. 설산과 마주 보며 술을 마신다는 뜻으로, 척박한 자연과 더불어 살면서도 정열적이고 낙천적인 소수민족 남성들의 생활상을 보여준다.

3부는 고무제천. 리장을 대표하는 소수민족으로 하늘을 숭배하고 자연을 사랑하는 나시족의 제천 의식과 남녀 간의 사랑을 주제로 하는 공연이다.

4부는 윈난성을 대표하는 10개의 소수민족이 육성으로 노래하며 춤추는 모습을, 5부는 이들이 종교처럼 믿는 옥룡설산에 대한 제천 의식을, 6부는 이 공연을 보러 온 관객과 함께 옥룡설산에 소원을 비는 퍼포먼스로 대단원의 막을 내린다.

히말라야 남쪽 옥룡설산을 배경으로 3600m 세계 최고 높이의 공연장에 10개 소수민족, 500여 명의 현지인 배우, 100필의 말이 등장하는 공연은 깊은 여운을 남겼다.

리장 시내로 들어와 삼겹살집 사장님의 배려로 삼겹살을 옴팡지게 상추에 싸서 된장찌개와 함께 배불리 먹었다.

집에 돌아와 거울을 보니 4000m 설산에 반사된 자외선이 얼굴 껍질을 홀라당 벗겨놓았다. 영광의 상처다. 상처 없는 영광이 어디 있겠는가.

▶ 옥룡설산, 나의 등산로

산이 베푸는 선물, 삶의 지혜와 건강

서산 가야산에서 보내는 등산 예찬

"중환자실로 실려 가 며칠간 사경을 헤맸대요. 그때 깨달았죠. 내가 참 바보같이 살았구나! 재활 치료 중에 산을 알게 됐어요. 나는 오래전에 이미 100대 명산 완등을 마쳤는데, 보시다시피 지금은 완전~ 건강해요. 산이 나를 살렸고, 지금은 산 없이는 못 살 것 같아요."

그 남자가 산에 가는 이유

몸무게 120kg의 육중한 몸에 고혈압, 고지혈증, 당뇨, 비만 같은 온갖 질환을 달고 살면서도 술과 담배, 튀김, 육식을 즐기던 한 남자가 길을 가다 갑자기 쓰러졌다. 응급실로 실려 가 며칠 동안 사경을 헤매던 남자는 가까스로 의식을 찾았다. 햇살 부신 아침, 그의 눈에 토끼 같은 두 딸과 수척한 아내의 모습이 희미하게 비쳤다.

'아! 내가 사랑하는 가족들을 너무 아프게 했구나…. 내가 잘못되면 아직 어린 저 아이들은 어떻게 살아갈까?'

하염없는 눈물이 뺨을 타고 흘러내렸다. 남자는 다시 일어나면 운동과 식이요법으로 반드시 건강을 되찾으리라고 다짐했다. 과연 그는 퇴원한 길로 다짐을 실천에 옮겼다.

평지 100m에서 시작해 200m, 300m… 날마다 조금씩 걷는 거리를 늘리며 재활 운동을 시작했다. (아내의 부축을 받긴 했지만)

이윽고 50~60m 높이의 뒷동산까지 오르내릴 수 있게 되었다. 숨이 헐떡이고 땀 범벅이 되었지만, 그 야트막한 산꼭대기에서 내려다본 세상은 참으로 평안하고 아름다웠다. 난생처음 맛보는 희열에 온몸이 전율했다.

바로 이 남자가 오늘 서산 가야산 등반으로 '대한민국 100대 명산'을 완등한다. 이제는 날렵한 몸매로 바람처럼 산을 타는 이 남자가 연초록 옷을 입어가는 가야산 산등성을 바라보면서 해맑게 웃는다.

"참, 인간이란 신기해요. 그렇게 아픈 몸을 이끌고 매일 석 달쯤 뒷동산을 오르자 정말 신기하게 숨이 가쁘지 않고 단박에 오를 수 있게 되었고, 더 높은 산도 오르고 싶은 의욕이 생겼어요. 아프기 전에는 꿈도 못 꿔본 일이죠! 정말, 몸이 하루가 다르게 좋아지는 것이 느껴졌어요. 그렇게 다시 일상을 회복하고, 매주 시간 나는 대로 등산을 다녔어요. 한라산, 지리산, 설악산, 속리산, 무등산, 계룡산…. 그러다가 조금이나마 나 자신에게 의미를 부여하기 위해 작년부터 100대 명산 등반 인증을 시작했는데, 딱 1년 6개월 만인 오늘, 100대 명산 완등 기념을 하게 되네요."

옆에서 묵묵히 듣고 있던 건장한 상남자 철이 친구가 불쑥 등산 덕을 본 간증을 보탠다.

"허허. 어쩜 그리 나와 똑같단 말이오. 내가 지금 50대 후반인데, 50대 전후에 잘 나가던 IT 기업에서 제품 연구 개발 책임자로 일했어요. 거의 매일 새벽까지 일하고 피곤한 몸을 달래기 위해 수많은 커피와 독한 술을 마셔댔지요. 그러던 어느 날, 밤늦게 퇴근하다 회사 계단에서 쓰러져 의식을 잃고 중환자실로 실려 가며 칠간 사경을 헤맸대요. 그때 깨달았죠. 참 내가 바보같이 살았구나! 재활 치료 중에 산을 알게 됐어요. 나는 오래전에 이미 100대 명산 완등을 마쳤는데, 보시다시피 지금은 완전~ 건강해요. 산이 나를 살렸고, 지금은 산 없이는 못 살 것 같아요."

오순도순 이야기를 나누노라니 가야산 초입에 들어섰다. 맑은 공기, 봄바람에 산들거리는 나뭇잎, 온 산을 덮은 아름드리나무

숲, 기암괴석, 온갖 들꽃이 우리를 맞는 가운데 산짐승들의 움직임이 부산했다.

한참을 걷자니 가야산에서 제일 힘들다는 가파른 오르막길이 벼랑처럼 눈앞을 막아선다.

하지만 어디 한두 번 하는 등산인가. 우리는 땀방울이 등을 적시는 자기와의 싸움 끝에 정상에 우뚝 섰다. 678m, 가야봉이다.

오늘의 주인공인 그 남자가 '100대 명산 완등' 플래카드를 들고 가야봉 표지석에 우뚝 섰다. 가야산을 넘어 대우주의 신령들이 그의 인간승리를 축하하고 경의를 표하는 듯했다. 기나긴 여정의 한 매듭을 성공적으로 마무리한 챔피언의 웃음이 가야산에 힘차게 메아리쳤다.

가야산 개심사의 내력

가야산伽倻山은 충남 서북부에 솟아올라 서산, 당진, 예산, 홍성의 경계 역할을 한다. '가야'는 불교에서 신성시하는 코끼리, 즉 상왕象王의 범어 카야Kaya에서 유래한다. 이중환의 《택리지》에 따르면, 천수만으로 유입되는 해미천 상류에 자리한 가야산 일대는 내포 지방으로 충청도에서 가장 좋은 땅이다.

그런 가야산 자락에는 서산 용현리 마애여래삼존상(국보 제84호)을 비롯해 보원사지, 개심사, 일락사 등이 자리하고 있어 가히 백

제 불교의 성지라고 할 만하다.

저 멀리 웅장하게 펼쳐진 서산의 아름다운 산야를 바라보며 피톤치드 가득한 소나무길을 한참 걸어 개심사에 도착했다. 백제 의자왕 때(654년) 혜감慧鑑 스님이 개원사開元寺로 지었다가 고려 충정왕 때(1350년) 처능處能 스님이 중창하여 개심사 開心寺라고 한 것이 오늘날의 개심사다.

세상 어디에도 없을 풍성한 연둣빛 꽃 무더기가 햇살을 한가득 머금고 눈앞에 펼쳐졌다. 우리나라에서는 거의 유일하게 이곳 개심사에서만 볼 수 있다는 청벚꽃이다. 탐스러운 꽃봉오리가 하늘을 가리도록 주렁주렁 매달렸다. 나는 그 황홀경에 그만 넋이 빠져 시간 가는 줄 몰랐다. 한참 후 정신을 차리고 보니 다 떠나고 나 혼자였다.

문득 떠오른 그때 그사람

상경하는 차에 올라 물끄러미 차창 넘어 스치는 풍경을 바라봤다. 문득 본격적으로 등산을 시작하게 된, 그날이 떠올랐다.

3년 전, 친구들과 용문산 장군봉을 오르다가 적당한 곳에서 등산을 멈추고는 깊은 계곡으로 들어가 신선놀음하며 심신을 달래기로 의기투합했다. 그런데 나만은 오기가 샘솟았다. 예까지 왔는데, 정상에 올라보지도 않고 옆구리로 빠져 놀다 간다는 것이 자존심 상한 것이다. 나는 그날따라 아침도 안 먹은 데다 자그마한 생수 두 병만 지닌 채로 혼자서 장군봉을 향해 올랐다. 금세 다녀와 친구들과 다시 합류하겠다며 양해를 구했다.

나는 미리 걱정했던 것보다는 꽤 여유롭게 장군봉(1065m)에 도착했다. 장군봉 정상에 앉아 목을 축이는데, '용문산 정상까지 1500m'라는 푯말이 마음을 흔들었다.

'겨우 1500m. 김희범, 너 지금 아니면 또 언제 가보겠어? 너는 갈 수 있어!'

사실 에너지를 보충할 음식도 없이 일반 운동화 차림으로 1157m의 가섭봉 정상을 혼자 오른다는 것은 무모한 일이었지만, 한계를 모르는 미련한 내 오기는 모든 문제를 덮어버리고 그저 앞으로 돌진하도록 했다.

용문산은 정상이 가까워지자 험악한 바위투성이였다. 게다가 저녁부터 예보된 장맛비가 한 방울씩 떨어지기 시작했다. 연무가

금세 산 정상을 하얗게 감싸 안으며 어둑어둑 을씨년스러웠다.

정상이 눈앞이다 싶은 순간에 어디선가 가냘픈 목소리의 외침이 울렸다. "거기 누구 있어요~! 거기 누구 있어요~!" 흡사 전설의 고향에 나오는 귀신의 소리였다. 오금이 저리고 머리카락이 쭈뼛쭈뼛 섰다. 귀신이 홀리는 건 아닐까, 하는 찰나에 뒤에서 사람 소리가 들렸다.

"저 여기에 있는데, 함께 가면 안 될까요?" 눈을 씻고 돌아보니 다행히 사람이었다. 겁에 질린 나로서는 한없이 반가운 구세주, 여신이다.

60대 중반의 여성 등산가도 내심 무서웠는지 반갑다며 인사를 나누고는 오이와 레몬 같은 과일을 건넨다. 그렇게 에너지를 보충하고 용문산 정상을 함께 밟았다.

그녀는 10년 전에 남편을 병으로 잃은 후로 이런저런 일을 하며 홀로 살고 있다고 했다.

"요즘에는 의사 부부의 두 살 난 딸 아이를 돌보는 일을 하는데, 월요일부터 토요일까지 6일을 꼬박 일하고 일요일 하루만 온전히 내 시간이에요. 그 시간이 너무 소중해서 매주 일요일이면 어김없이 산에 오르게 되었지요. 그러다가 아예 등산에 취미를 붙여 지난해부터는 한국의 100대 명산 오르기에 도전하고 있답니다."

비바람 몰아치는 용문산 정상에서 우연히 만난 우리는 도란도란 서로 지난 얘기를 나누며 하산했다.

그날따라 막걸리와 곁들여 먹은 점심 겸 저녁이 비할 바 없이 달고 맛났다. 진정한 등산의 맛이란 이런 것인가 싶은 생각이 들었다.

내가 등산을 좋아하는 이유

그동안 오른 수많은 산이 파노라마처럼 펼쳐졌다. 때로는 숨이 멎을 듯 힘들고 허리가 끊어질 듯 고통스러운데, 왜 나는 멀고 높은 산을 찾아 고생을 사서 하는가를 생각해 봤다. 내가 등산을 좋아하는 7가지 이유다.

첫째, 고통을 견디는 인내심을 키운다.
인생이란 살다 보면 예기치 않게 고통과 난관이 찾아온다. 평상시에 예방주사를 맞는 것처럼 등산을 통해 인내심을 키우면 웬만한 고통이나 난관쯤은 당연한 과정으로 받아들여 어렵잖게 극복할 수 있다. '고통의 총량 법칙'이 있다. 인간이라면 누구나 고통을 받게 마련인데, 사소하고 가벼운 고통도 경험과 인내심이 없으면 감당하지 못하고 극단적 선택까지 하게 된다. 그런데 남들이 최고의 고통이라 생각한 것들도 내 의지와 경험, 인내의 크기가 커지면 별 탈 없이 극복할 수 있다.

둘째, 인생을 사는 지혜를 배운다.
등산은 산 정상에 오르는 것뿐만 아니라 정상에서 내려오는 것도 포함한다. 게다가 곧은 길로만 가는 법 없이 구불구불 오르막과 내리막이 수없이 반복된다. 무엇보다 역경을 넘어서야 정상을 열어준다. 내가 멈추지 않고 쉼 없이 천천히 오르고 또 오르면 정상에 다다르고, 정상에서 바라본 이 세상은 99.99% 산 아래에서 바라본 세상과는 완전히 다른 느낌과 행복감을 준다. 성공도 그런 게 아닐까?

셋째, 호연지기를 키운다.
내가 얼마나 작고 어리석은지를 일깨워준다. 지금 나 앞에 주어진 고통과 어려움은 과연 무엇인가? 지금 내가 보고 느끼고 생각하는 것은 무엇인가? 1000m 이상 높은 고지에서 내려다보는, 굽이치는 산봉우리들의 웅장함, 광활한 대우주의 경외감, 장엄한 기암괴석, 수많은 생명들의 역동성과 생명감,

야생의 것들과 운무가 춤을 추는 그 시간… 등산은 생각하는 차원을 높게 해주고 삶의 본질, 근원을 바라보게 한다.

넷째, 나를 성찰하게 한다.
인생길에 어찌 고속도로만 있겠는가. 짧게는 몇 시간, 길게는 며칠, 대개는 하루. 내가 아닌 모든 것, 즉 문명의 이기를 내려놓고 순전히 나의 의지와 두 다리로만 결행하는 등산은 오롯이 나를 만나는 시간이기도 하다.

다섯째, 인생의 참맛을 보여준다.
고통과 역경을 뚫고 대우주를 밥상 삼아 먹는 한 줌의 소박한 식사는 꿀맛을 넘어 인생의 참맛, 즉 진정한 행복과 즐거움을 준다.

여섯째, 좋은 벗을 만나게 한다.
대자연에서 사람들과 나누는 짧지만 생생한 대화는 삶을 풍요롭게 한다. 산에서 받은 기운과 감흥은 내가 살아있음을 느끼게 하고, 눈빛만으로도 통하는 좋은 벗을 만나게 한다.

일곱째, 몸과 마음을 건강하게 한다.
등산 덕분이라고 확증할 수는 없지만, 등산을 좋아하는 나는 환갑이 되도록 그 흔한 감기조차 앓은 적이 거의 없다. 화장품, 비타민, 건강보조식품 같은 것도 필요하지 않다. 주말의 등산은 주중의 활력이 되어 일에서도 의욕을 활활 불타도록 만든다.

▶ 가야산, 나의 등산로

우리를 건강하고
행복하게 하는 것들

통영 사량도에서 만난 무릉도원

깎아지른 바위 벼랑 사이로 해풍에 시달린 노송이 아슬하게 매달려 있는가 하면 바위 능선을 싸고 있는 숲은 기암괴석과 절묘한 조화를 이루었다. 그러다 어느 순간 고개를 들면 한려수도의 그 곱고 맑은 물길에 다도해의 섬 그림자가 환상처럼 떠올랐다.

금강산의 축소판, 사량도의 절경

　말만 들어도 설레는 남쪽 바다 통영. 사량도를 입에 올리는 순간 마음 저 깊은 데서 낭만의 파도가 일렁인다. 11시 30분 한밤중, 소풍 가는 초등학생의 설렘을 안고 몸을 실은 버스는 서울 사당역을 출발해 남쪽 바다를 향해 질주한다.

　잠 못 이루는 별님 달님이 지켜보는 가운데 쉼 없이 내달린 버스는 새벽 4시 삼천포 어느 부둣가 선창에 멈춰 섰다. 짭짜름한 바다 내음, 항구 특유의 비릿함, 낭만적인 등댓불이 어우러져 정신을 번쩍 들게 했다.

　예약해 둔 식당에서 바다 향기 그윽한 새벽밥을 먹고 40여 분을 더 달려 용암포 항구에서 사량도 가는 배를 탔다. 버스가 배에 오르자마자 왁자지껄하는 소리에 눈앞의 바다를 바라봤다. 오늘도 어김없이 붉은 해가 저 깊은 바다 어머니 자궁을 헤치고 두둥실 솟아오른다. 바다 한가운데서 바라보는 해돋이는 장관이다. 붉게 물들어 반짝거리는 물비늘이 황홀경을 자아낸다.

그 황홀경 속에서 배는 30여 분을 내달려 사량도 내지항에 도착했다. 아침 8시, 사량도 항구는 한적했다. 버스는 하선한 지 5분 후에 마침내 사량도 지리산 서쪽 입구에 도착했다.

보통 섬 투어는 야트막한 고개를 한두 개 넘고, 아름다운 바다를 감상하면서 해안도로를 걷는다. 그런데 사량도는 그렇게 만만하게 다닐 섬이 아니다. 동서로 산이 길게 뻗어 있어서 섬 서쪽 끄트머리에서 시작해 400여 미터 고지의 산을 가파르게 오른 후에야 다도해 경관을 볼 수 있다.

비탈길을 200m쯤 오르자 어머니가 아이들을 사랑스럽게 안은 듯, 푸른 바다가 작은 섬들을 품고서 웃는다. 나도 모르게 도파민이 춤을 추고 엔도르핀이 노래하자 행복감이 밀려든다.

오랜 세월 풍파에 깎이면서 당당한 위용을 더해온 바위산 사량도. 바위 능선 곳곳의 아찔한 벼랑길을 지날 때는 오금이 저렸다. 깎아지른 벼랑 사이로 해풍에 시달린 노송이 아

슬아슬하게 매달렸는가 하면 바위 능선을 싸고 있는 숲은 기암괴석과 절묘한 조화를 이루었다.

 그러다 어느 순간 고개를 들면 한려수도의 그 곱고 맑은 물길에 다도해의 섬 그림자가 환상처럼 떠올랐다. 웅크린 사량도가 뜀을 뛰듯 하늘 높이 솟구친 바위 멧부리와 기기묘묘한 능선은 말없이 세속의 허망함을 일깨워주는 듯했다. 별천지 무릉도원이 바로 거기에 있었다.

 인간인 내 눈에는 저리 깎이고 파이고 헐린 사량도가 자연이라는 훌륭한 장인이 빚어낸 예술작품으로 보이지만, 사량도로서는 오랜 세월 모진 풍파로 인한 고통과 상처의 흔적일 터였다. 멋진 피겨 동작을 연기하기 위해 수없이 엉덩방아를 찧고 눈물을 쏟은 김연아 선수의 아픔과 시련일 수도 있겠다는 생각이 들었다.

우리네 삶이란 게 이처럼 내면의 아픈 상처와 진실을 헤아리지 못하고, 그저 눈에 보이는 반짝이고 아름다운 것만 바라보고 사는 건 아닐까.

현자들의 주옥 같은 가르침 3제

불현듯 최근에 접한 현인들의 주옥 같은 가르침이 줄줄이 떠올랐다.

물리학자 김상욱은 "삼라만상 우주 대부분은 살아있지 않고 죽어 있는 상태"라고 했다. 끝없이 펼쳐져 있는 이 우주에서 살아있는 것들은 0.0000001%도 안 된단다. 우주에서 생명이 있는 곳은 우리가 아는 한 이 지구가 유일하고, 지구를 차지하고 있는 것 중 아주 소수만이 살아있으며, 그중에 아주 작은 일부가 우리 인간이라는 것이다.

그렇다면 우리가 지금 살아서 활동하고 있다는 것은 얼마나 경이롭고 감사하고 행복한 일인가! 우리 지구와 같은 우주의 별들이 만들어지는 과정도 놀랍기 그지없다. 핵이 융합하고 분열하는 과정에서 수소 분자와 먼지들이 화학작용을 통해 어떤 새로운 것이

생기는데, 그것을 우주의 기본물질이라고 한다. 그 물질들이 우주의 섭리에 따라 거듭나면서 사람, 나무, 사슴, 꽃, 바위, 구름, 물, 공기, 먼지 등 다양한 생명체와 물질의 형태로 나타난다. 삼라만상이 이뤄지는 것이다.

물리학적으로 보면, 그것들이 하나의 형체로 모여서 잠깐 숨 쉬고 움직이는 것이 우리네 삶이고, 다시 흩어지는 것이 죽음이라고 할 수 있다. 죽음은 원래의 물질, 즉 원자로 돌아가는 지극히 평범한 현상인 것이다. 그러니 우리의 삶이 어찌 기적 아닌 것이 있겠느냐는 것이다. 이처럼 삶 자체가 기적이므로 사랑하며 행복하게 살아야 한다는 것이다.

인생을 통찰하고 혜안을 베푸는 법문으로 유명한 법륜 스님의 말씀도 귀담아들을 만하다. 법륜 스님은 우리 인간이란 그렇게 잠깐 왔다 사라지는 법인데, 무슨 부귀영화를 누리겠다며 집착하고, 과하게 욕심부리느라 스스로 자신을 비참한 불행에 빠뜨리냐고 꾸짖는다.

우리 인간은 이 아름다운 우주와 자연에서 풀 한 포기처럼 존재하는 것이다. 그러니 건강하게 장수하기 위해서라도 우주의 법칙에 따라 순리적으로 살아야 한다는 것이다. 또 마음먹기에 따라 행복도 불행이 되고 불행도 행복이 될 수 있으므로 스스로 긍정하는 마음으로 살아야 한다고도 했다. 고통과 어려움이 와도 피하지 말고 나를 강하게 만들고, 더 큰 사람이 되기 위한 담금질이라고 생각해야 한다. 법륜 스님은 이왕 사는 삶이니 즐겁고 행복하게 살라고 한다. 지극히 당연한 얘기지만, 실천하기는 말만큼 쉽지 않다.

의학자 전홍준 박사는 생물학적 관점에서 인생을 말한다. 과거 과학기술이 발달하지 못한 시기에는 부모에게 물려받은 환경이나 유전자에 의해서 내 기질과 건강 등이 대부분 결정되며, 병에 걸리거나 불행해지는 건 대개 운이 나빠서라고 생각했다.

하지만 유전학이 발달한 요즘에는 그 진실이 과학적으로 밝혀지고 있다. 우리 몸은 60조~100조 개의 세포로 구성돼 있는데, 각각의 세포에는 23개의 염색체가 있고, 2만 3000여 개의 유전물질이 들어 있다. 그 유전자는 인간의 성질, 기분, 성향, 질병, 장수 여부를 관장하고 좌우한다. 암과 질병은 그 중 특정한 유전자에 이상 변이가 생긴 것으로, 그것들을 보호하고 방어하는 NK세포, T세포 등이 시들하거나 꺼져 있을 때 나타난다. 대부분 나쁜 환경에 살거나 잘못된 생활 습관 유지 등이 원인이라고 한다.

전 박사에 따르면, 우리 몸은 몇백만 년 동안 과일, 채소, 통곡물을 먹고 거의 매일 흙길을 걷고 뛰는 수렵과 채집 생활에 최적화된 유전자가 형성되어 있다. 하지만 산업혁명 이후 가공식품을 많이 먹고, 잘 걷지도 않고, 오염된 공기를 흡입하고, 온갖 스트레스로 걱정 근심에 싸여 살아온 나머지 온갖 질병에 시달리게 되었다. 그러니 어찌 행복할 수 있겠냐는 것이다.

그렇다면 병들고 죽어가는 세포를 건강하게 유지하려면 어떻게 해야 할까? 신선한 채소와 과일을 충분히 먹고, 좋은 공기를 마시고, 등산 등 운동을 많이 하고, 스트레스를 줄여 행복한 호르몬이 많이 나올 수 있도록 항상 긍정적으로 웃으며 살아야 한다고 했다.

세 사람의 말이 표현만 좀 다르지 뜻에서는 다 같은 말이다. 우리 인생이란 게 그렇게 허망하고 별것 없으니 자연 속에서 즐겁게 긍정적으로, 마음 가는 대로 사는 것이 최고 행복이고 장수 비결이라는 것이다.

그날 나는 그렇게 행복하고 즐거운 마음으로 사량도를 마음껏 즐겼다. 지리산이 바라보이는 산이라서 지리망산智異望山이라고 불리다가 지금은 통영 지리산으로 불리는 서쪽 돈지리 쪽의 제일 높은 봉우리(해발 398m)에 올라 수려한 다도해를 감상했다. 그리고 가마봉, 향봉, 옥녀봉 흔들다리를 구름에 달 가듯 흘러갔다. 6~7km를 능선을 타고 동쪽 끝으로 내려오는 환상의 등산 코스다.

사량도는 적당히 등산하는 맛과 이국적인 풍광으로 관광의 멋을 동시에 충족시켜주는 아름다운 섬이다. 하산하여 마을 모정에 둘러앉아 막걸리 한 잔씩 나누는데, 누군가 가져온 진달래 꽃잎을 잔마다 띄워 마시니 흥취가 더 돋았다. 이태백, 도연명의 흥취가 이랬을까.

인생 꿀팁

등산이 몸에 좋은 8가지 이유

산을 무척 좋아하는 지인이 《닥터스》 매거진에 실렸다며 보내준 등산의 효능 8가지도 음미할수록 고개가 끄덕여져 소개한다.

첫째, 젊게 사는 비결이 된다.
노화는 활동량이 줄어들면 더 빨리 찾아온다. 등산을 하면 충분한 운동이 되기 때문에 어느 정도 노화를 예방하는 효과를 기대할 수 있다.

둘째, 기분을 좋게 한다.
등산의 과정이 힘들게 느껴질수록 성취감은 커진다. 등산 후에는 자신감이 충만하고 집중력이 향상되는데, 이런 효과는 짧아도 6시간, 보통은 12시간, 길게는 24시간 이상 지속한다.

셋째, 강심장을 만든다.
혈액 속의 트리그리세라이드라고 불리는 지방이 심장에 분포된 관상동맥에 쌓이면 혈관이 막혀 심장발작이 일어난다. 등산은 핏속의 트리그리세라이드를 배출하고 심근을 단련시킨다. 등산을 꾸준히 하는 사람이 심근경색에 걸릴 확률은 그렇지 않은 사람의 절반밖에 되지 않는다.

넷째, 폐 기능을 강화한다.
등산은 폐의 탄성을 높여 충분한 산소공급을 받을 수 있도록 돕는다.

다섯째, 뼈를 단단하게 한다.
운동선수도 뼈가 부러지면 보충을 하기 위해 자주 사용하지 않는 뼈에서 골질을 뽑아낸다. 심한 경우 골다공증을 유발할 수도 있는데 누워 있는 24일 동안 빠져나간 골질량은 4시간 걷는 것으로 모두 보충된다. 특히 체중이 실리는 걷기, 등산, 달리기, 줄넘기 같은 운동이 좋다.

여섯째, 관절 연골을 건강하게 한다.
연골세포는 뼈나 근육처럼 혈액이 아니라 관절액에서 영양을 공급받는다. 만약 연골세포에 영양공급이 제대로 되지 않으면 표면이 찌부러지면서 퇴행성 관절염이 생긴다. 무릎을 구부렸다 펴는 동작은 연골 세포 사이에 관절액이 스며들게 해 영양 공급과 찌꺼기 배출을 원활하게 돕는다.

일곱째, 비만을 예방한다.
등산은 대표적인 유산소운동으로 체내에 축척된 넘치는 에너지를 태워 성인병의 원인인 비만을 막는다.

여덟째, 성 기능을 강화한다.
등산은 충만한 성생활에 다른 어떤 보약보다 효과적이다. 등산하면서 단련되는 근육이 성생활에 쓰이는 근육과 같다는 이야기도 있다.

남한강에서
백로와 놀던 햇봄

여주 파사산과 신륵사의 봄 소풍

저 물결처럼 모든 집착과 욕심을 내려놓고 흐르는 것이, 오늘과 같이 소풍처럼 즐기며 순리대로 살다가 편안히 자연으로 돌아가는 것이 인생의 섭리가 아니던가!

2000년 풍파를 겪어온 파사산성

숨소리가 새악시 색동치마의 사각거리는 소리보다 더 고왔다. 남한강 이포보 모래사장 공연장에서 눈부시게 흰 연미복 차림의 백로 지휘 아래 검은 정장을 차려입은 까마귀 단원들의 연주에 맞춰 바람이 부르는 새봄 찬가의 아름다운 선율이 퍼져 강물이 살랑거렸다.

고개를 돌려 반대편 동쪽 산을 바라보니 해발 230m 파사산婆娑山이 시나브로 푸름을 더해 갔다. 낮은 산이라고 쉽게 볼 게 아니다. 비탈길을 오르느라 한바탕 깔딱 숨을 쉬고 나니 커다란 바위들이 정상까지 반듯하게 쌓여 있다. 파사산성이다.

파사산의 능선을 따라 쌓은 석축산성인데, 신라 제5대 임금 파사왕 때 처음 쌓고 임진왜란 때 승군들이 개축했다고 한다. 남한강 상류 물줄기를 따라 펼쳐진 평야와 구릉을 한눈에 내다볼 수 있는 천혜의 요새로, 성벽의 높이는 4~5m, 둘레는 1800m 정도

다. 살펴보니 서쪽 출입구 쪽 일부는 세월의 풍파에 무너져 있었지만, 나머지 성벽은 최근에 보수한 듯 정연했다.

작고 낮은 산성이지만, 30리 밖의 적을 감지할 정도로 전망이 좋은 지대다. 삼국시대에는 이 파사산성이 한강 유역을 차지하기 위한 교두보로, 삼국이 서로 뺏고 빼앗기기를 수차례 반복했을 것이다.

그런 비극의 역사를 말해주기라도 하듯 파사산 정상은 변변한 숲 그늘 한 뼘 없는 민둥산이다. 몇 그루 자그마한 꽃나무만이 그때 쓰러져간 초병들을 위로하듯 붉은 울음으로 다시 찾아온 봄을 맞고 있었다.

우리는 그렇게 1시간여를 파사산에서 봄을 만끽한 후 남한강변 한적한 갈대밭으로 내려왔다. 가져온 도시락들을 모아 한 군데 몰아넣고 갖은 채소와 방앗간에서 갓 짜온 참기름을 듬뿍 뿌려 맛있는 비빔밥을 만들었다. 거기에 갓 썰어낸 싱싱한 송어에 막걸리 한 사발…. 행복은 멀리 뜨는 무지개가 아니다. 바로 내 눈앞의 일상에 행복이 숨어 있다.

진달래꽃숲 아래 영릉

영릉英陵은 세종대왕과 소헌왕후를 함께 모신 능으로, 최초의 합장릉이다. 백성을 사랑하고 과학과 지식을 장려한 조선 최고 성군은 수려한 경관을 배경 삼은 웅장한 능에 잠들어 있다. 내가 보기엔 배산임수의 명당자리다. 문화유산해설사에 따르면 풍수 사상에 따라 주산을 뒤로하고 산의 중허리에 봉분을 조영하였으며, 좌우 측은 각각 청룡과 백호를 이루고 남쪽으로는 멀리 안산인 북성산을 바라보게 배치했다.

영릉에 들어서자 세종 당시 최첨단 발명품인 해시계, 물시계, 천상열차분야지도, 측우기 등이 우리를 반긴다. 당시 우리나라 해시계는 다른 나라 해시계와 달리 시간과 분까지 비교적 정확하게 알 수 있었고, 밤에도 시간을 알 수 있었다고 하니 새삼 그 기술력에 감탄하지 않을 수 없다.

영릉은 국조오례의에 따라 배치했는데, 이후 조선 전기 왕릉 배치의 기본이 되었다. 1469년(예종1) 경기도 여주로 천장遷葬하면서 세조의 유명遺命에 따라 병풍석을 두르지 않고 난간석만 설치하였으며, 봉분 안에는 석실을 따로 두는 대신 회격灰隔하여 혼유석 2좌를 마련하여 합장릉임을 표시하였다. 회격은 관을 구덩이 속에 내려놓고, 그 사이를 석회로 메워서 다지는 것을 말한다. 또 기존의 왕릉에는 난간석에 십이지신상을 조각하여 방위를 표시하였는데, 영릉은 이를 간소화하여 십이지를 문자로 표현하였다.

당시 광주의 대모산大母山(지금의 서초구)에 있던 영릉이 여주로 이장하게 된 배경도 흥미로웠다. 세종은 다복하여 슬하에 18남 4녀를 두었지만, 왕위를 이은 장자 문종이 즉위 2년 만에 병사하고, 손자(단종)가 어린 나이에 즉위했다가 삼촌 수양대군에게 죽는 등

왕실의 불행이 그치지 않았다. 광주의 세종대왕릉 자리가 좋지 않아 그런다고 하여 설왕설래 끝에 여주로 옮겼는데, 신기하게도 이후로는 불행한 일이 그쳤다고 한다.

  마침, 오늘이 세종대왕의 서거일로 1년에 사흘만 개방한다는, 영릉 내 진달래꽃밭을 감상할 수 있는 행운을 잡았다. 진달래는 화려하다기보다는 왠지 모르게 가냘프면서도 애처롭고 우수에 젖어 있지만, 한편으로는 더없이 평화롭고 아름다워 보였다. 큰 소나무 아래 군락을 이룬 핑크빛 진달래가 세종대왕이 꿈꾸는 사회가 이렇게 평화롭고 아름다운 나라였음을 말없이 웅변하고 있는 듯했다.

봉황의 꼬리에 깃든 신륵사

마지막 여정으로 여주 봉미산鳳尾山 끝자락, 1500년 역사가 숨 쉬는 고찰 신륵사神勒寺를 찾았다.

신라 진평왕 때 원효대사가 창건했다는 신륵사는 고려 말의 고승 나옹선사 혜근이 머무른 사찰로 유명하다. 조선을 건국한 이성계의 스승이 무학대사다. 그 무학대사의 스승인 나옹선사가 잠시 머물다가 입적하여 다비식을 치렀다는 기록이 비석에 남아 있다. 한때 200여 칸에 달하는 대찰이었다고 하며, 1472년(성종 3)에는 인근 영릉의 원찰로 삼아 보은사라고 불렀다.

신륵사로 부르게 된 유래에는 몇 가지 설이 전해진다. 그 하나는 미륵(또는 혜근)이 신기한 굴레로 용마를 막았다는 것이고, 다른 하나는 고려 고종 때 건넛마을에 나타난 용마가 몹시 사나워서 사람들이 붙잡을 수가 없었는데 인당대사가 나서서 고삐를 잡자 말이 순해졌으므로, 신력으로 말을 제압하였다고 하여 신륵사라고 했다는 것이다.

한편 고려 때부터 '벽절'이라 불리기도 했는데, 이는 경내에 다층 전탑을 벽돌로 쌓은 데서 유래한 것이다. 신륵사는 조사당, 다층석탑, 보제존자석종 등 8개 보물을 품은 명찰이다.

신륵사는 우리나라에서 깊은 산속이 아닌 강변에 있는 거의 유일한 절로 꼽힌다. 그래서 운치가 뛰어나기로는 신륵사에 견줄 절이 드물다.

일행들과 떨어져 1500년 고찰 신륵사 옆을 흐르는 남한강을 한 동안 바라보았다. 남한강 푸른 물결은 꼬리에 꼬리를 이으며 도도히 흐른다. 저 물결처럼 모든 집착과 욕심을 내려놓고 흐르는 것이, 오늘과 같이 소풍처럼 즐기며 순리대로 살다가 편안히 자연으로 돌아가는 것이 인생의 섭리가 아니던가!
　우리 일행은 그날, 대한민국 최고 쌀이라는 여주 쌀로 지은 밥과 누룽지를 맛있게 먹고 한바탕 신나게 봄 소풍을 마쳤다.

친구를 갖는 것은
또 하나의 인생을 갖는 것

후쿠오카 호만산 아래 매화 꽃대궐

나는 친구와 함께 다자이후텐만구의 상징인 소머리를 쓰다듬으며 함께 소원을 빌었다. 친구는 "국민 모두 경제난국을 잘 극복해 나라가 편안해지고, 지금 하는 사업을 안정적으로 이끌어 남의 아픔을 배려하고 아름다운 사회를 만드는 일에 힘을 보탤 수 있게 해 주고, 여기에 함께한 친구들과도 변치 않는 우정을 나누며 건강하고 행복하게 살게 해 달라"고 기도했다.

자수성가의 모범, 나의 둘도 없는 죽마고우

우리나라와 일본은 지리적으로는 지척이지만, 심리적으로는 가장 먼 나라다. 그래서 가깝고도 먼 나라라고들 하는 모양이다. 인천공항을 이륙한 비행기는 동해를 넘어 불과 1시간 20분 만에 일본 후쿠오카福岡 공항에 착륙했다.

일본에서 5번째로 큰 도시 후쿠오카는 160여만 명이 사는 대도시라지만 고풍스러운 옛 건물과 아름드리나무들로 울창한 숲이 마음을 편안하게 했다. 우리나라와 근접한 후쿠오카는 삼국시대부터 교류가 활발해 백제 유민이 모여 살았던 지역이고, 임진왜란 때 끌려온 수많은 조선 백성이 정착한 곳이기도 하다.

아산의 뚝심, 연암의 실용정신

이번 여정에는 내 막역한 친구의 권유로 몇 명의 지인들과 동행했다. 세상 사람들 대부분의 바람은 40대 이전에 경제적 기반을

마련하여 돈과 시간, 마음의 압박에서 해방되는 것이다. 여유로운 인생 가운데 자기 하고 싶은 것을 해가며 행복하게 살고 싶기 때문이다.

이번 여정을 주선한 내 친구도 그런 사람이다. 현대 창업주 아산 정주영 회장과 조선 후기 실학자 연암 박지원 선생의 장점만을 합쳐놓은 듯한 멋진 친구다.

친구가 살던 동네는 부엉이, 늑대 같은 산짐승 울음소리가 끊이지 않고, 해거름이면 천수답에 물을 대기 위해 공동묘지 넘어 꼬불꼬불 좁은 논둑길을 걸어가야 하는 산골동네였다. 어렸을 때부터 지게를 져야 했던 그 친구는 꼭 이 지긋지긋한 가난에서 벗어나 부자가 돼 멋있게 살겠다고 다짐하곤 했다.

무작정 상경 소년의 고군분투

친구는 열일곱 살이 된 어느 날, 잘살아 보겠다는 일념으로 서울행 열차에 몸을 실었다. 적수공권 무일푼이었다. 무작정 상경한 그는 서울 변두리의 창호 새시 공업사에 보조공으로 취직했다. 2평 남짓한 창고 같은 작은 방에서 용접기, 쇠톱, 망치 등 공구들과 함께 잠을 자면서 사회생활을 시작한 것이다.

그는 시골 출신답게 체력과 인내력이 단단하고, 부모님을 닮아 근면 성실했으며, 일 처리가 야무졌다. 눈썰미도 남달라 기술이 일취월장하면서 사장님 눈에 쏙 들었다. 그렇게 친구는 20대 초반에 전문 기술자로 성장해 사장님 집에서 숙식하면서 경영까지 배우는 행운을 잡는다.

친구가 20대 후반이 되자 사장님은 자기 밑에만 두기 아까운 그릇이라고 여겨 더 큰물에서 꿈을 펼치도록 새로운 길을 열어주었다. 그 무렵 친구는 현명하고 어여쁜 배필과 인연을 맺어 단란한 가정까지 꾸렸다. 친구는 불과 20대 후반에 사장님이 됐지만, 초심을 잃지 않고 성실하게 기름때 묻은 돈을 저축하고 불려 나갔다.

친구는 남들보다 한발 먼저 생각하고, 한 번 더 현장을 방문해서 고객을 감동시키고, 이익의 10% 이상을 거래처에 다시 환원해 한번 고객을 평생 고객으로 삼는 '고객 감동' 경영을 꾸준히 실천했다. 호남형의 얼굴에 편안한 미소까지 탑재한 친구가 궂은일 가리지 않고 동에 번쩍 서에 번쩍하며 해내자 일 잘한다는 입소문이 널리 퍼졌다.

신용을 생명같이 지키자 개인 투자자도 생기고 일감이 몰려들면서 큰 종잣돈을 짧은 기간에 모으게 됐다. 더불어 협력업체와 투자자에게는 반드시 약속된 날짜에 대금을 지급하고, 당시 관례대로 계약된 금액을 깎기는커녕 오히려 자기 이익을 줄여서라도 대금을 더 얹어 주었다. 그뿐이 아니다. 고마운 분들의 가족까지 초대해 극진히 대접한다. 그렇게 친구는 도저히 사업이 성장하지 않을 수 없는 분위기와 여건을 만들어 갔다.

시대 흐름을 읽는 통찰력, 사업가로 대성

1990년대, 아파트가 우후죽순 올라가며 건설 경기가 활황이던 시대다. 창문 등에 들어가는 알루미늄 새시가 최고의 투자처라고 판단한 친구는 과감하게 종합 알루미늄 새시 대리점을 인수해 성공시켰다. 날마다 여러 경제신문을 탐독하면서 경제의 흐름을 보는 안목을 높이고 현장 경험을 통해 실전 지식을 쌓았다.

모든 일은 심사숙고해 로드맵을 끝까지 그려보고, 손익을 분석해서 성공에 대한 확신이 서면 과감하게 투자했다. 성공에 대한 확신이 서지 않아 망설여지면 미련 없이 포기하고 다음을 기약했다.

친구는 그러한 원칙 투자로 당시 수도권 최고의 노른자위 땅 수천 평에 투자해 수년 후 막대한 투자수익을 남겨 종합건설사 설립에 재투자했다. 영세 공업사 보조공으로 사회생활을 시작한 친구는 30년 만에 지식산업센터에 본사를 두고 6개 계열사를 거느린 그룹의 회장님이 되었으니, 개천에서 용이 난 것이다.

초지일관의 삶, 덕을 베푸는 품성

놀라운 것은, 그 친구는 지금도 언제나 흐트러짐 없이 아침에 일찍 일어나 현장을 점검하고, 신문을 보고 공부하는 것을 멈추지 않는다는 것이다. 배고팠던 어린 시절을 잊지 않고 어려운 이웃을 위해 여러 경로로 기부를 아끼지 않는 친구는 협력사, 친구들, 직원들까지 살뜰히 챙긴다. 자사 및 협력사 직원들이나 친구들과 함께 해외여행을 가는 것도 그런 보살핌과 보은의 차원이다.

친구는 이렇게 기업의 사회적 가치를 실현하면서도 개인적으로도 삶의 맛과 멋을 아는 멋진 품성을 지녔다. 친구는 취미활동을 즐기는 한편 활발한 해외여행을 통해 견문과 지혜를 넓힌다.

친구는 나이 쉰을 앞두고 뒤늦게 사업을 시작한 나를 위해 여러모로 편의를 봐주고 오랜 시간 쌓은 사업 노하우까지 아낌없이 전수해주면서 더 넓은 세상에 눈뜨도록 이끌었다.

최근에는 코로나 사태로 친구에게도 여러 어려움이 따랐지만, 상생하는 경영으로 난관을 헤쳐나가는 것을 보고 역시 저 친구는 다르구나 싶었다. 이런 친구가 협력사와 친구들을 위로하고 힘을 북돋아 주기 위해 이번 후쿠오카 여행을 주선하여 동행했으니 참으로 고마운 일이다.

호만산과 학문의 신

첫날을 호텔에서 묵은 우리는 야트막한 호만산寶滿山을 오르기로 했다. 호만산은 해발 200여m로 작고 아담했지만 여러 수종의 아름드리나무들이 풍성하게 숲을 이루었다. 정상에 오르는 길목에는 일본 특유의 깃발과 글을 담은 푯말들이 꽂혀 있었다.

산 정상에 오르자 마치 산속 깊은 곳 암자처럼 작은 신사가 나타났다. 왜 일본 사람들은 200만 개가 넘는 신을 믿고, 그 많은 신사를 짓는 것일까? 여러 가지 상념이 스쳐 갔다. 어쩌면 시도 때도 없이 발생하는 지진, 해일, 폭풍 등 자연재해의 공포로부터 도피나 안식의 방편일 수 있다.

아니면 바쿠후의 끊임없는 패권전쟁에 따른 슬픈 산물일 수도 있다. 오랜 전쟁으로 무고한 숱한 목숨이 칼날 아래 스러지는 것을 목격했기에 아직도 무의식적으로 본심을 숨기고 상대의 비위를 맞추기 위해 과하게 친절을 베푸는 것은 아닐까? 그렇게 비극적으로 살다간 숱한 원혼들의 영혼을 달래기 위해 그 많은 신이 생기고 신사가 세워진 것이 아닐까?

호만산을 내려와서는

후쿠오카 아니 일본 열도에서도 아주 크고 유명하다는 다자이후 텐만구太宰府天滿宮 신사를 산책했다. 다자이후텐만구는 일본 헤이안 시대 문인인 스가와라노 미치자네菅原道眞(845~903)를 '학문의 신'으로 모시는 곳이다. 미치자네는 18세 때 관료시험에 장원급제해 황족과 귀족들이 앞다퉈 그의 문장을 칭송했다. 우다 천황의 총애를 받아 참의 벼슬에 오르고, 그의 딸이 황자皇子의 비가 되면서 권력의 정점에 섰다. 하지만 부귀영화도 잠시, 901년 그의 정적 후지와라 도키히라의 탄핵으로 좌천된 뒤 903년 큰 한을 품고 허무하게 숨을 거뒀다. 그가 사망한 뒤 그를 모함했던 사람들이 줄줄이 비명횡사하자 사람들은 한 맺힌 미치자네의 원혼이 복수한 것이라 믿었고, 이후 그를 천신으로 추앙하고 신격화해 신사를 지었다.

1591년에 세워졌다는 다자이후텐만구 신사 입구에는 황소의 동상이 있는데 소머리를 만지면 머리가 좋아진다는 전설이 있다. 그래서 매년 합격이나 학업 성취를 기원하는 많은 이들이 부적을 사기 위해 이곳을 찾는다. 특히 매년 1월 1일은 '오쇼가츠'라고 해서 새해의 운을 점치고 복을 기원하기 위해 전국에서 200만 명이 넘는 참배객이 줄을 잇는다.

꽃 대궐에서 피어난 메이지 유신

이후 우리 일행은 6000여 그루의 매화나무가 고풍스러운 옛 목조건물과 인공호수와 어우러진 꽃 대궐 풍경을 돌아보았다. 꽃 대궐 중심부에 아담한 건물 한 채가 눈에 띄었다. 일본의 역사를 송두리째 바꾼 메이지 유신明治維新과 관련 깊은 건물이라고 했다.

메이지 유신은 메이지 천황 때 왕정복고를 이룩하고 근대국가로 나아가기 위해 실행한 변혁을 일컫는다. 온건하고도 점진적인 개혁을 주장하는 바쿠후 세력과 사무라이를 없애고 왕정복고를 주장하는 급진 세력의 전쟁이 벌어졌다. 바로 이곳이 급진 세력의 두 거목이 뜻을 함께하기로 맹세한 역사적인 장소라고 한다. 학문의 신 스가와라노 미치자네의 효험이 있어서인지 결국 반바쿠후 세력이 승리해 수천 년간 내려온 사무라이를 몰아내고 선진 서양 문물을 일찍 받아들여 대개혁에 성공한다.

그렇게 일본은 일시에 가장 못 사는 나라에서 가장 잘 사는 나라로 변신했고 아시아의 새로운 맹주가 됐다. 우리나라도 당시 일본처럼, 멋진 내 친구처럼 세계를 넓게 바라보는 혜안과 진정 백성을 사랑하는 지도자가 있었다면 역사가 달라졌을 것이다.

나는 친구와 함께 다자이후텐만구의 상징인 소머리를 쓰다듬으며 함께 소원을 빌었다. 그 친구는 "국민 모두 경제난국을 잘 극복해 나라가 편안해지고, 지금 하는 사업을 안정적으로 이끌어 남의 아픔을 배려하고 아름다운 사회를 만드는 일에 힘을 보탤 수 있게 해주고, 여기에 함께한 친구들과도 변치 않는 우정을 나누며 건강하고 행복하게 살게 해 달라"고 기도했다.

아산 정주영의 지혜와 뚝심, 연암 박지원의 낭만과 실사구시를 겸비한 이런 멋진 사람이 내 친구라니…. 나는 새삼 참 복이 많은 사람이고 행복한 사람이라는 생각이 들었다.

우리는 이렇듯 유쾌하게 후쿠오카 여행을 마치고 행복한 마음으로 현업에 복귀했다. 멋진 친구와 함께한 호만산 산행은 잊지 못할 여행으로 남았다.

그곳이 차마
꿈엔들 잊힐 리야

옥천 환산에서 더듬는 역사의 흥망성쇠

옥천 환산은 대한민국 100대 멋진 풍경으로 꼽히는 '부소담악'을 품은 어머니 산이자 백제와 신라 간에 국운을 건 혈투(554년 관산성 전투)가 벌어진 역사적 장소다. 환산은 그다지 험준해 보이지도 않을뿐더러 사적이나 둘러보자는 가벼운 마음으로 왔지만, 막상 올라보니 579m 높이가 만만하지는 않았다.

〈향수〉의 고향으로 떠나는 산행

넓은 벌 동쪽 끝으로
옛이야기 지줄대는 실개천이 휘돌아 나가고
얼룩배기 황소가 해설피 금빛 게으른 울음을 우는 곳
그곳이 차마 꿈엔들 잊힐 리야.

정지용의 시 〈향수〉 첫 연이다. 시인 정지용이 꿈에도 잊지 못하고 그리워한 고향, 옛이야기가 지줄대고 실개천이 휘돌아 나가는 충북 옥천沃川은 육영수 여사의 고향이기도 하다. 그 옥천에 꼭 한번 가보고 싶다는 생각이 오래전부터 마음속에 똬리를 틀고 있었는데, 마침내 그 소원을 풀게 됐다. 이번 옥천 여행은 투박한 질그릇에 담긴 해장국처럼 구수하게 시작됐다. 옥천으로 가는 산악회 버스 안에서 인사를 나눈, 열정적인 후배의 이야기에서 많은 감동과 여운을 느꼈다.

　국문학과를 졸업했지만, 우연히 관상어를 알게 돼서 그 분야 최고 권위 박사 학위까지 받게 됐단다. 관상어 부화는 물론 수족관과 먹이 개발 등 관련 사업을 발전시켜 크게 성공했고, 요즘에는 해외여행을 다니며 멋지게 살고 있다고 했다. 부럽기도 하고, 멋져 보였다. 한 분야에서 최고가 된다는 것은 참으로 아름다운 일이다. 산악회원들을 태운 버스는 그렇게 신입 회원님들의 인생 스토리를 싣고, 오전 11시 20분쯤 오늘의 등산 코스인 옥천 환산의 산기슭에 도착했다.

일진일퇴, 관산성의 풍진

옥천 환산環山은 대한민국 100대 멋진 풍경으로 꼽히는 '부소담악'芙沼潭岳을 품은 어머니 산이자 백제와 신라 간에 국운을 건 혈투(554년 관산성 전투)가 벌어진 역사적 장소다. 환산은 그다지 험준해 보이지도 않을뿐더러 사적이나 둘러보자는 가벼운 마음으로 왔지만, 막상 올라보니 579m 높이가 만만하지는 않았다.

산에 오른 지 얼마 되지 않아 시작된 급경사에 애를 먹었다. 깔딱 숨을 서너 번 넘기자 백제 성왕의 한이 서린 고리산古利山(환산의 옛 이름) 노고성老姑城 옛 성터가 나타났다.

당시 관산성管山城은 백제와 신라가 서로 차지하려던 요충지였다. 신라 장수 김무력에게 관산성을 뺏긴 백제는 성왕의 아들 여

창이 노고성을 쌓아 재탈환을 도모했지만, 과로로 쓰러진다. 성왕은 아들을 독려하기 위해 약간의 호위병만 이끌고 성을 오르다 매복한 신라군에게 기습을 당해 생포된다. 성왕은 신라의 수도 경주로 끌려가 저잣거리에서 효수되는 비참한 죽음을 맞이한다. 백제는 절치부심 복수의 칼을 갈았고, 세월이 흘러 힘을 기른 백제는 마침내 보복에 성공한다. 김춘추가 애지중지하는 딸(고타소)과 그의 남편(품석)을 제거한 것이다. 수도인 경주마저 짓밟히자 생존의 위협을 느낀 김춘추는 당나라를 끌어들인다. 지금 오르는 환산 주변에서 벌어진 관산성 전투가 결국 삼국 통일의 도화선이 된 것이다.

환산 정상에 올라섰다. 피비린내 나는 관산성 전투 현장도 지금 이렇게 신록으로 덮여 가는데, 1500년이 지나도록 원혼들이 편히 눈 감지 못하고 있는 듯 산 정상은 온통 붉은 황톳빛이다.

눈 앞에 펼쳐지는 옥천 땅을 바라보았다. 〈향수〉의 시구처럼 소담하고 정겨운 풍경이다. 산을 오르며 이렇게 밀어주고 끌어주고, 오순도순 오이 한 조각, 사탕 한 알 나눠 먹는 것처럼 화목하게 살 수는 없는 것일까? 우리 역사에서 더는 전쟁과 같은 비극이 반복되지 않기를 빌어본다. 좋은 전쟁이란 없다.

하산 길도 만만치 않았다. 특히 8부 능선쯤은 급경사였다. 조심조심 밧줄을 잡고 내려오다 그만 발을 헛디뎠다. 순간 밧줄이 출렁이면서 늘어져 70도의 급경사 방향으로 엉덩방아를 찧고 넘어졌다. 이 무슨 봉변인가. 다행히 바위가 아닌 푹신푹신한 나뭇잎으로 뒤덮인 흙길이었다. 그때까지 손에 꽉 붙들고 있던 밧줄을 끌어당겨, 가까스로 등산로 위로 올라설 수 있었다.

그런데 머리에 있어야 할 모자가 보이지 않았다. 저만치 30여m 아래에 굴러떨어져 있었다. 등산 모자는 많다. 집에 12개나 있다. 잠시 고민됐지만, 그래도 풀뿌리를 잡고 기어 내려가 마침내 왕관처럼 다시 내 머리에 올려놓았다. 특별한 인연을 소중히 여기는 우리네 인간관계처럼, 아마도 이 모자는 평생 내게 아주 특별한 모자가 될 것이라는 생각이 들었다.

용이 지나간 자리, 부소담악의 절경

다리도 쉴 겸 남은 음식으로 요기를 한 우리는 어쩌면 정지용도 즐겨 찾았을 천하의 명승 부소담악 구경에 나섰다. 마을 입구에 들어서자 무서운 형상의 천하대장군이 아니라 인간적인 형상의 소박한 장승이 우리를 맞이했다. 수국도 한창이다.

옥천군 군북면 추소리 부소무니 마을 앞 호반에 암봉들이 700m가량 병풍처럼 펼쳐져 장관을 이룬다. 부소담악이다. 부소담악은 2008년 국토해양부가 전국의 하천·호수·계곡·폭포 등 한국을 대표할 만한 아름다운 하천 100곳 중 하나로 선정했다.

부소담악 능선에 우뚝한 추소정에 오르자 용이 호수 위를 미끄러지듯 나아가는 듯하다는 그 멋진 형상이 선명하게 보였다. 고요함 속에 아름다운 그 풍경을 오랫동안 바라보다 보니 내 마음속에도 어느덧 평화가 찾아왔다.

어쩌면 이곳도 태곳적에는 어느 높은 산의 평범한 뿌리였거나 바닥이었을 것이다. 그런데 세월이 흘러 물길이 나고, 씻기고 닳아 지금의 모습이 됐을 것이다.

부소담악 구경을 마치자 해님이 오늘 자기 할 일은 다 했다는 듯, 어둠의 친구들을 내려보냈다. 일정이 생각보다 늦어져 정지용 시인과 육영수 여사 생가는 보지 못했다. 이렇게 계획과 다르게 흘러가는 것이 우리 인생이다. 어쩌면 이런 어긋남이 여행의 참

맛일 수도 있겠다 싶다.

밤 9시 넘어 서울 양재역 근처 해장국집에 도착했다. 늘 그렇듯 등산 예찬을 소리 높이 외치며 늦은 저녁을 함께 나눴다. 식사에 곁들인 반주를 들며 건배사도 외쳐본다. "여친!" 하면 "남친!" 하세요! "여태까지 친하게 잘 지냈으니 남은 생도 친하게!"라는 의미다. 특히 등산 친구들이 그렇다. 등산 친구들은 내가 산행을 하는 한 쭉 함께할 소중한 친구들이다. 등산은 우리에게 행복과 건강을 선사하는, 신이 주신 최고의 선물이 아닐까!

내 인생의
마지막 30초가 주어진다면

고창 선운산에 갔다가 얻은 깨달음

환갑이 코앞이어서 그런지, 인생 참 앙꼬 빠진 찐빵마냥 재미없이 껍데기로 살았다는 후회가 든다. 이 나이 들도록 내세울 것도 하나 없다. 그 많은 나날 가운데 단 하루라도 창창한 기백을 돋워 역사의 주연으로 살았더라면, 하는 회한이 몰려든다.

남도의 내금강, 선운산의 비경

　서해안고속도로를 달릴 때마다 한번 가봐야지 가봐야지 하면서도 먹고사는 게 뭔지 참, 대학 MT 이후 38년 만에야 다시 찾는 선운사다. 그때는 절만 보고 가서 선운산 등반은 이번이 처음이다.

　석 달 전 친구들과 함께한 등산에서 청계산을 얕잡아 보고 운동화를 신은 채 갔다가 낭패를 보았다. 진눈깨비에 미끄러지면서 발목이 꺾여 고생은 고생대로 하고 석 달이나 등산하지 못하는 벌을 받았다. 오랜만에 등산다운 등산에 나서서 그런지 마음이 상쾌하고 발걸음도 가벼웠다.

　산은 즐거움과 행복을 주지만, 동시에 변화무쌍해서 언제든지 사고를 당할 위험이 있으므로 얕잡아 봐서는 안 된다. 충분한 물과 간식, 필수 안전장비를 반드시 갖춰야 한다. 특히 발목을 보호할 수 있는 좋은 등산화를 마련하는 데 돈을 아끼지 말아야 한다.

　넓은 주차장, 잘 정돈된 광장에 이색적인 조형물, 형형색색의

갖가지 봄꽃들이 왜 이제야 왔냐는 듯 화사한 미소로 나를 반겼다.

선운禪雲, 구름 속에서 참선한다는 뜻을 담은 선운사는 백제 위덕왕(577년) 때 검단선사가 창건했다는 설과 진흥왕이 창건했다는 설이 있다. 당시에는 암자 89곳에 3000여 명의 승려가 구도하던 대찰이었다는데, 지금은 도솔암을 비롯한 몇 개의 암자만 남아 있다.

도솔은 미륵보살이 머무는 정토로, 욕계의 여섯 하늘 중 네 번째 하늘이다. 선운산은 도솔산이라고 부르다가 선운사가 유명해지면서 차츰 선운산이라고 부르게 되었다.

선운산 정상은 수리봉(336m)으로, 산세가 높지는 않지만 수려하다. 정상에 올라 사바세계를 바라보니 온통 연초록 바다다. 우리 인생이 저 연초록 바다처럼 새롭게 싱그럽기만 하다면야 어찌 고해의 바다일 것인가. 물이 고이면 썩듯이 우리 마음도 흐르지 못하고 한 곳에 고이면 탐욕이 자라 싱그러움을 잃고 고해의 바다가 되고 만다.

역사의 주연으로 살아보지 못한 회한

참 곱고도 눈부시다. 나도 저렇게 초록으로 빛나던 시절이 있었던가! 남들 다 해보는 연애다운 연애 한번 못했고, 그 당시 피 끓는 청춘이라면 누구나 한 번쯤 나섰을 민주화 투쟁에도 나서보지 못했다. 현대사의 물길을 바꾼 숱한 현장, 바로 그 중요한 자리에 한번은 섰을 법도 한데, 바보같이 나는 그런 적이 없다. 핑계야 오만 가지겠지만, 무엇보다 용기가 없었다.

환갑이 코앞이어서 그런지, 인생 참 앙꼬 빠진 찐빵마냥 재미없이 껍데기로 살았다는 후회가 든다. 이 나이 들도록 내세울 것도 하나 없다. 그 많은 나날 가운데 단 하루라도 창창한 기백을 돋워 역사의 주연으로 살았더라면, 하는 회한이 몰려든다.

한 번이라도, '제일 비싸고 좋은 자리의 관객으로라도 오롯이

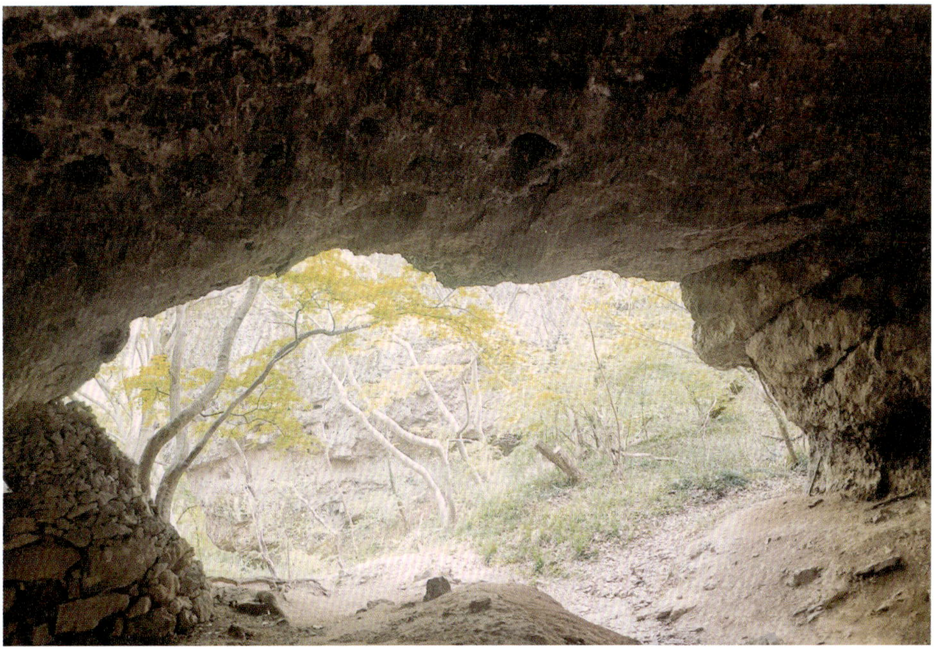

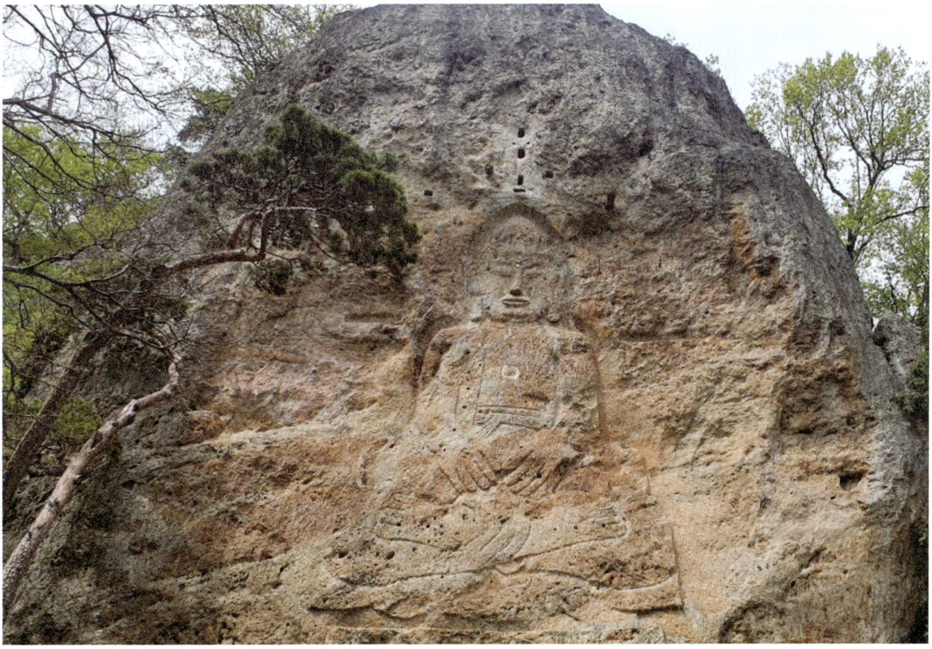

인생의 참맛을 맛보고, 미래에 맛있게 꺼내 먹을 수 있는 안줏거리를 더 많이 만들었더라면….' 하는 후회와 회한이 몰려왔다.

　대장금이 마지막 숨을 쉬는 어머니를 위해 산딸기를 입에 넣어주고 애틋하게 돌무덤을 쌓아 놓은 용문굴, 연꽃무늬 받침에 나와 같이 평범한 얼굴을 아로새겨 놓은 동불암지 마애여래좌상, 날씬하게 하나로 자라다가 달걀처럼 8개의 수장으로 수려하게 펼쳐진 600년 된 천연기념물 장사송 등을 보면서 왜 선운산이 남도의 내금강으로 사랑받는지를 알 것 같다.

동백꽃 지고 매화 피는 선운사

　하산하여 선운사에 들렀다. 1500년을 묵묵히 지켜온 석가모니불상이 염화미소로 날 반겼다. 문득 박학다식으로 유명한 학자 이어령이 생전에 마지막으로 남겼다는 탄식이 생각났다.

　"사랑하는 내 딸 어린 민아가, 새로 산 예쁜 드레스를 입고 내 서재에 들어왔는데, 난 바쁘다는 핑계로 거들떠보지도 않고 손으로 나가라는 시늉을 했고, 심지어 아내에게 내가 이렇게 죽을 둥 살 둥하며 원고를 쓰며 돈을 벌고, 가족의 사랑과 행복을 위해 최선을 다하는데… 그게 사랑이라고 철석같이 믿고, 애들을 시끄럽게 방치한다며 야단을 쳤어요. 아마도, 민아는 그게 평생 큰 상처 스트레스가 되어 한창 젊은 나이에 암에 걸려 나보다 일찍 저세상으로 빨리 떠난 것 같아요. 하느님이 저에게 30초만 마지막 기회를 준다면… 지금 하고 있는 모든 것을 내려놓고, 사랑하는 내 딸 민아를 포옹하면서, 내 딸 민아가 이 세상에서 제일 예쁘구나. 사랑한다. 꼭 그 말을 하고 싶어요."

나도 이제부터라도 말로만 사랑을 남발할 게 아니라 온 마음으로 오롯한 행동으로 사랑하며 살아야겠다.

풍천장어 국물에 막걸리 한 사발을 걸치고 옛 향기 가득한 보리밭을 봄바람 따라 걸으며 나직이 사랑 노래를 부른다.

여름

주렴장막 깊숙한 곳 나무그림자 아른이고
은자는 잠에 취해 우레와 같이 코를 고네
날저문 뜨락에는 찾아올 이 하나 없는데
바람만이 사립문을 열었다가 닫곤 하네

_ 이규보, 〈하일즉사(夏日卽事)〉

가슴 떨리는
충만한 삶을 위하여

광주 무등산, 삼복더위에 새기는 초인의 외침

"무엇보다 중요한 것은, 인생을 조금 살아보니 내일이 꼭 온다는 보장이 없고, 내일은 또 내일 할 일이 따로 있다는 거외다. 무슨 일이든 지금 당장 하지 않으면 다음에는 기회가 없게 되어서 후회와 미련만 남더이다. 그러니 나약한 마음을 고쳐먹고 어서 나와 같이 정상을 향해 다시 한번 오릅시다!"

한여름 중머리재, 입안에서만 맴돌던 그 말

무등산(1187m)은 광주광역시, 담양, 화순에 걸친 광주의 진산이다. 지리산에서 영암 월출산, 해남 두륜산으로 이어지는 백두대간 호남정맥 남서 측 연변부에 속하는 장대한 산지에 자리 잡고 있다. 특이하게도 동서남북 어디에서 조망하여도 산줄기와 골짜기가 뚜렷하지 않은 둥근 모습을 하고 있다.

산 정상은 천왕봉·지왕봉·인왕봉 3개의 암봉으로 이뤄져 있고, 산 정상을 중심으로 규봉·입석대·서석대 등 기암괴석과 증심사·원효사·약사사 등 사찰이 자리 잡고 있다. 광주 사람들은 평소에 무등산을 동네 뒷산처럼 오르내린다.

새벽 4시. 7월 한낮의 뙤약볕을 피해 비교적 덜 뜨거운 새벽에 증심사 방향으로 무등산을 혼자 오르기 시작했다. 새벽 5시 무렵, 증심사 넘어 무등산 정상에서 솟아오르는 해는 가없이 아름다웠지만, 햇살의 열기는 살갗에 칼침을 놓은 듯 뜨거웠다. 한걸음 걸을 때마다 숨이 턱 밑까지 차올랐다. 그때 난생처음 알았다. 시원한 나무 그늘도 선선한 새벽 공기도, 열대야가 계속되면 찜통 한증막으로 변한다는 사실을.

등산 3시간 만에야 무등산 중머리재(617m) 능선에 가까스로 올라섰다. 정말 그때부터 살 것 같았다. 시야가 확 트이고 찜통 열기에서 벗어나자 살랑살랑 시원한 바람이 불어 땀을 식혔다. 형언하기 어려운 청량감이 해방처럼 밀려왔다. 잠시 벤치에 누워 눈을 감고 바람을 음미하며 쉬고 있는데, 먼저 올라온 청년들이 나누는 대화가 귀에 들어왔다.

"죽어도 더는 못 가겠다. 미쳐 버리겠다. 다음에 꼭 시간 내서 우리 다 같이 오자."

"그래 오늘만 날이냐!"

다들 이구동성으로 합창하더니 하산하기 시작했다. 나는 다급하게 청년들에게 소리쳤다.

"젊은 양반님들! 정상까지 겨우 400m 고지밖에 남지 않았는데, 이까짓 더위에 물러선다면 이 험난한 인생길을 어찌 헤쳐갈 수 있단 말이오! 저 정상에서 바라보는 세상은 지금 포기한 그 자리에서 바라본 세상과는 천양지차일 것이오. 지금의 고통을 이겨내고 정상에 우뚝 서는 경험은 돈으로는 살 수 없는, 인생의 최고 자산이 될 것이오. 이때야말로 호연지기를 기를 절호의 기회요. 그리고 무엇보다 중요한 것은, 인생을 조금 살아보니 내일이 꼭 온다

는 보장이 없고, 내일은 또 내일 할 일이 따로 있다는 거외다. 무슨 일이든 오늘 지금 당장 하지 않으면 내일은 기회가 없게 되어서 후회와 미련만 쌓이게 마련이더이다. 그러니 나약한 마음을 고쳐먹고 어서 나와 같이 정상을 향해 다시 한번 오릅시다!"

하지만 어쩐 일인지 그 말은 내 입 밖으로 뛰쳐나가지 못하고 계속해서 내 입안에서만 맴돌았다.

니체는 이렇게 말했다

다시 벤치에 누워 있자니 요즘 내 머릿속을 온통 휘저어놓은 니체의 '초인'이 떠올랐다. 전기작가 수 프리도가 쓴 《니체의 삶》을 읽고 있던 참이었다.

니체(1844~1900)는 《차라투스트라는 이렇게 말했다》를 비롯한 문제작들을 통해 "신의 의지"에 기반을 둔 기존의 철학을 전복하고 "니체 이후"의 시대를 열었다. 니체는 철학적 삶에 대해 이렇게 말한다.

첫째, 삶이란 권력(힘)에 대한 의지다. 행복·복지·동정이란 단어들은 희망의 푸른 목장일 뿐이다. 둘째, 삶에서 일어나는 모든 과정은 아무런 잘못이 없다. 이를테면 모든 생존은 순결하고 정당하다. 따라서 지금까지의 선악 개념이 뒤바뀌어야 한다. 예컨대 우리는 악하기 때문에 망하는 것이 아니라, 망했기 때문에 악한 것이 된다. 반대로 선하기 때문에 승리한 것이 아니라, 승리했기 때문에 선한 것이 된다. 셋째, 삶에서 가장 위대한 단어는 '자신의 운명에 대한 사랑'(아모르파티)이다. 인간은 자신의 삶에 나타난 모든 과정을 그저 견디는 데 그칠 것이 아니라, 한 걸음 더 나아가 그것을 사랑해야 한다.

니체는 "신은 죽었다. 그러므로 이제 우리는 초인超人을 소망해야 한다"고 말했다. 초인이란 어떤 존재일까? 첫째, 천국의 희망을 말하는 자들에게 귀 기울이지 않고, 지금 이곳에 충실한 자다. 둘째, 신의 죽음을 확신하는 사람이다. 그는 유토피아가 환상에 불과하다는 것을 잘 알고 있으며, 그러므로 이 땅에 순응하는 자다. 셋째, 영겁회귀의 사상을 깨달은 사람이다. 존재의 수레바퀴는 영원히 윤회한다. 모든 것은 무한한 시간 가운데 흘러갔다가 되돌아온다. 바로 이 사상을 깨닫는 자가 초인이다.

인생의 핵심을 관통하는 니체의 철학은 어떻게 살아야 하는지, 삶의 본질을 고민하게 만든다. 니체의 초인, "지금 이곳에 충실한 자"가 되는 것이란 어떤 의미일까? 여전히 혼란스럽다.

수직의 미와 수평의 덕이 어우러진 무등산

벤치에서 일어나 1km 정도를 더 올라가자 '서석대'가 나를 사로잡았다. 다양한 기둥 모양의 주상절리가 참으로 기묘했다.

서석대는 노을에 반사되면 수정처럼 강한 빛을 발하며 반짝거려서 '서석의 수정 병풍'으로 불린다. 무등산을 서석산이라고 부르는 것도 서석대의 지형 경관과 연관되어 있다.

저렇게 멋진 병풍은 누가 빚었을까? 무등산을 빚은 조물주의 선물일까? 그저 화산과 풍화작용이 낳은 자연법칙의 산물일까? 경이로움과 궁금증을 뒤로하고 발길을 돌리려는데, 수풀 우거져 시원한 그늘이 드리운 곳에 놓인 널찍하고 평평한 돌침대가 쉬어가라며 나를 유혹한다. 못 이기는 체 유혹에 넘어간 나는 잠깐 눕는다는 것이 그만 깊이 잠들어버렸다. 일어나 보니 2시간이나 단잠을 잤다.

가볍게 요기를 한 뒤 따가운 햇볕을 뚫고 400m를 더 올라가니

　무등산의 제2경이라는 입석대가 수려한 자태로 나를 맞았다. 돌 기둥이 반달 모양으로 둘러서 있어 입석대라는 이곳은 서석대와 대체로 비슷한 형상이다.
　참으로 신기하고 오묘하다. 어떻게 저 키 큰 돌들이 무너지지 않고 이고 지고 수천 년을 견뎌왔을까? 기묘하게 솟아오른 주상절리 기둥은 웅장한 병풍의 형상을 이룬다. 어떤 산에서도 볼 수 없는 장엄한 절경이다.
　입석대를 뒤로하고 마지막 안간힘을 짜내 드디어 무등산 정상 천왕봉에 올랐다. 장장 7시간의 등정이다. 우리나라 산의 정상은 대부분 뾰족하고 날카로운데 정상마저 펑퍼짐한 무등산은 어머니 품속처럼 포근하다. 무등無等은 등급을 정할 수 없을 만큼 빼어나다는 뜻이다. 어머니 품속도 등급이 없다.

오후 3시쯤, 중봉과 장불재를 거쳐 8부 능선의 무등산 쉼터를 찾았다. 무등산은 평소에는 발 디딜 틈 없이 복작거리지만, 삼복더위라서 그런지 오늘은 사람 구경하기가 힘들 만큼 한산하다. 이제 갓 스무 살이 되었을까. 대학생으로 보이는 아가씨가 가쁜 숨을 몰아쉬며 쉼터로 들어오기에 물었다.

"이런 무더위에 어찌 올라왔어요?"

"여름 방학 중인데, 이렇게 젊을 때 대우주를 만끽하지 못하고 소통하지 못하면 너무나 후회될 것 같아 명산을 찾아 전국 일주를 하고 있습니다."

대답과 함께 해맑게 웃는 아가씨를 보며 나도 모르게 "그래, 그래, 맞아! 유레카!"를 외쳤다. 진리는 너무도 평범한 데 있었다. 니체를 읽으며 들었던 의문의 답이 저 해맑은 웃음 속에 다 들었다.

▶ 무등산, 나의 등산로

증심사 주차장 - 중머리재 - 장불재 - 천왕봉 : 6.3km

인생은 오늘을 사는 것,
내일은 그저 덤

대마도 유명산에서 맞은 여명

어둠이 채 가시지 않은 데다가 먹구름과 안개 때문에 한 치 앞도 보이지 않았다. 그래도 우리는 지 멀리서 시니브로 밝이올 여명을 기다리며 수평선에서 한시도 눈을 떼지 못했다. 참고 이겨내면 반드시 피어날 그 여명을 우리는 그렇게 기다렸다. 한식경이 지나고 어느 순간 비가 그쳤다. 비로소 저만치 해가 돋으면서 여명이 텄다. 마침내 바람이 현실이 되는, 황홀한 순간이었다.

울창하고 아름다운 산림의 나라

 밤 11시 50분, 서울 강남에서 출발한 버스는 이튿날 새벽 5시 부산의 어느 바닷가 산기슭에 우리를 내려놓았다. 달맞이언덕-청사포-다릿돌전망대-송정해수욕장으로 이어지는 십 리 달맞이 길을 거닐다 보니 부산항이다. 그새 날은 훤히 밝아 아침.

 9시 10분, 대마도행 쾌속선이 부산항을 출발하여 대한해협을 가로질러 갔다. 영욕의 역사를 반추하는 듯 파도가 높이 너울거렸다. 여전히 망국의 아픔이 흐르는 비탄의 바닷길이다. 10시 40분, 드디어 대마도 히타카츠항에 도착했다.

 부산에서 대마도까지 최단거리 49km. 일본 후쿠오카까지는 145km다. 우리가 대마도와 훨씬 가까운데 왜 일본 땅이 되었을까? 대마도주의 양아들과 결혼한 덕혜 옹주의 슬픈 역사는 대마도에 어떤 자취를 남겨두고 있을까?

 러일전쟁의 가장 큰 승부처였다는 대마도 해상전투에서 일본이

승리한 요인은 무엇일까? 우리와 관련된 역사가 많아서인지 대마도에 관해 궁금한 것도 많았다. 그 현장을 직접 볼 수 있다고 생각하니 설렜다.

처음 눈에 들어온 대마도는 울창하고 아름다운 산림의 나라였다. 일본 나가사키현에 속한 대마도는 대한해협을 사이에 두고 마주 보는 거제도의 1.8배 크기다. 원래 하나의 큰 섬이었으나 운하가 놓이면서 3개의 큰 섬으로 분리되었다.

섬 대부분이 산지라서 마을은 해안 지대를 둘러가며 띄엄띄엄 자리하고 있다. 거주지나 산업용으로 더 활용할 수 있는 토지가 많지 않고, 많게는 7만에 이르던 인구가 차츰 줄어서 지금은 2만 8000여 명에 불과하다. 그렇다고 석유나 가스 같은 자원이 풍부한 것도 아니라서 존재감이 없다. 그나마 관광업이 활발한 편이어서 희망을 걸고 있다.

실제 만나본 대마도는 첩첩산중 두메산골이면서 한적한 어촌마을이었다. 신기한 것은, 산 대부분의 정상이 뾰족하지 않고 어머니 가슴처럼 포근하고 둥근 모양이라는 점이다. 그래서인지 산마다 숲이 울창했다. 알고 보니 대마도 숲의 88%가 인공조림이다. 삼나무, 편백나무가 울창한 산림에다 청정 바다와 깨끗한 공기를 접하니 스트레스가 다 날아가는 듯했다.

세월에 삭아가는 전쟁의 상흔

우리는 히타카츠항에서 가까운 러일 우호의 언덕부터 찾았다. 러일전쟁의 분수령이 되었던 곳이다. 미국과 영국이 수에즈운하를 봉쇄하자 러시아의 발틱함대는 6개월여 동안 아프리카 희망봉을 돌아 대마도를 지나다 기습을 당하고 만다. 일본이 대마도 허리 부분을 잘라 운하를 뚫어 공격을 퍼부었기 때문이다. 긴 항해에 지친 데다 보급품이 부족했던 러시아 함대는 학익진 전법을 구사한 일본 해군에 포위되어 제대로 싸워보지도 못한 채 대패하고 만다. 당시 전투로 러시아군은 사망 5000여 명에 포로가 6000여 명에 이르렀지만, 일본군 전사자는 147명에 불과했다.

이 해전은 일본이 러일전쟁에서 승리하는 결정적 발판이 되었을 뿐 아니라 조선이 일본의 식민지가 되는 중요한 변수로 작용했다. 전쟁의 상흔이 배인 그 역사적 현장은 벽화와 비석으로 박제된 채 지금 이렇게 산 중턱에 외롭게 서 있었다.

러일 우호의 언덕을 내려와 에보시다케 전망대에 올랐다. 와타즈미 신사神社 뒤로 우뚝 솟은 에보시다케산은 아소만을 북쪽에서 조망하기에 최적의 장소였다. 아소만의 변화무쌍한 아름다움을 360도로 전망할 수 있었다. 저 멀리 부산이 희미하게 보였다.

전망대를 떠나 옛날 옛적 자연 그대로의 길을 따라 대마도에서 제일 큰 마을이자 도회지를 향했다. 대마도를 남북으로 오가는 내내 논밭이나 마을을 보기 어려울 만큼 산이 끝도 없이 이어졌다.

망국의 한, 비운의 옹주

대한제국 비운의 황족 덕혜 옹주가 혼례를 올렸다는 역사의 현장도 찾아보았다. 경치가 아름다운 곳이었다.

예순 살의 고종이 스무 살의 수라간 궁녀를 취해 낳은 딸이 덕혜 옹주다. 옹주는 고종과 황실의 귀여움을 독차지하며 자랐지만, 나라를 잃은 뒤에는 일본에 볼모로 끌려가서 갖은 수모를 당했다. 그러면서도 자신이 조선의 옹주라는 사실을 늘 잊지 않았기에 의젓하게 기개와 품위를 잃지 않았다.

하지만 갑작스러운 부황의 죽음 이후 평생 우울증을 앓았고, 독살당할까 무서워 평생 물 한 모금도 마음 편히 못 먹고 살았다. 대마도주의 양아들과 정략 결혼하여 일본에 살다가 볼모로 잡혀간 지 50년 만에 귀국했다. 예순이 넘은 나이였다. 소녀 때 끌려가 할머니가 되어서야 돌아온 것이다. 망국의 한을 고스란히 떠안아야 했던 비운의 덕혜 옹주. 그녀는 대마도에서 실제로 살지는 않았지만, 그녀가 혼례를 올린 장소는 역사의 유적이 되어 오늘도 후손들에게 가슴 아픈 이야기를 전해주고 있다.

유명산 정상에서 맞는 여명

다음날 새벽, 우리는 대마도에서 제일 높다는 유명산(558m)에 오르기로 했다. 새벽 3시, 사방이 칠흑같이 캄캄했다. 주룩주룩 비가 내리고 달빛도 별빛도 그 흔한 개똥벌레 빛도 없다.

전날 저녁, 일행 중 20여 명이 철석같이 산에 함께 오르기로 약속했는데, 등산 채비를 갖추고 나온 사람은 나를 포함 딱 3명이었다. 그래도 우리는 산길을 오르기로 했다. 한 발짝 한 발짝 걸음을 옮길 때마다 낯설고 왠지 섬뜩한 기운에 무섭기도 했다. 모두 우의를 걸쳤지만 세찬 빗줄기에 이미 속옷까지 젖은 지 오래였다.

그런데 한발 한발 산을 오르면 오를수록 이상하게도 두려움은 차츰 사라지고 어떤 오기로부터 희열이 샘솟았다.

드디어 우리는 유명산 정상에 올랐다. 짙은 먹구름과 안개, 어둠 때문에 한 치 앞도 보이지 않았다. 그래도 우리는 저 멀리 시

나브로 찾아올 그 무언가를 기대하며 전방을 응시했다. 이 순간을 이겨내면 반드시 피어날 그 여명을 우리는 그렇게 기다렸다. 한식경이 지나고 어느 순간 비가 그쳤다. 그리고 저 멀리서 그렇게 바라던 여명이 몰려왔고, 희망이 현실이 되었다. 아무 산에서나 쉽게 볼 수 없는 하얗고 빨갛고 노란 버섯들이 눈앞에 있었다. 쭉쭉 곧게 자란 나무들과 여명의 기운이 가슴으로 스며든다.

오래 남을 역사·인문·자연 여행

캄캄한 밤, 비가 오는 가운데 유명산을 올랐을 때 느낀 것처럼 우리 인간은 나약하기 그지없고 미래는 불안하다. 일본은 특히 지진과 태풍 등 자연재해가 잦다. 게다가 옛날에는 사무라이들이 사람을 마음대로 죽일 수 있었다. 오늘 죽을지 내일 죽을지 모르는 불안에 떨어야 했다. 그 불안감을 이겨내고 한발 한발 나아가야만 살아남을 수 있었다. 그러기 위해서는 넘어지지 않고 땅을 딛고 일어설, 등산할 때 스틱 같은 그 무언가가 필요했을 것이다. 일본인들이 가진 그 무엇이 바로 수많은 산마다 자리 잡은 신사와 신神이 아닐까? 그래서일까. 일본인들은 주어진 오늘에 감사하며 열심히 살자는 생각, 내일은 덤으로 주어지는 것이라는 의식이 강하다. 그런 긍정성이 내면화되어 일본이 세계 최고 장수국이 된 것이 아닐까!

아침 7시, 새벽 운동으로 등산을 했던 터라 더없이 맛있는 아침밥이다. 천혜비경의 자연공원과 딱따구리 공원 등을 감상하고 3시 50분 귀국하는 배에 올랐다.

짧은 1박 2일이었지만 대마도에서 역사의 현장과 대자연을 보면서 우주의 순리와 역사의 수레바퀴를 경험했다. 이 넓은 우주 속에 나 역시 또 하나의 작은 우주로서 한 번 사는 인생, 멋지고 아름답게 물들어가야겠다는 생각을 했다. 이번 대마도 여행은 참으로 멋진, 역사와 인문 그리고 자연 여행으로 기억될 것이다.

시든 꽃 새로 피는, 청풍명월의 삶

제천 금수산 얼음골에 쌓은 공덕

그는 우연히 TV에서 방영된 진안 마이산의 돌탑을 보자마자 전율이 일었다. 그 뒤부터 산을 개간하느라 나온 돌덩이로 탑을 쌓았다. 하루하루 정성과 사랑, 혼이 들어가자 상상하지 못한 예술작품이 만들어지기 시작했다. 그렇게 만들어진 돌탑이 지금 100개가 넘고, 앞으로도 계속 쌓을 것이라고 한다.

얼음골의 예술가, 돌탑에 새겨온 소망

아침 일찍 달려온 버스가 산기슭에 접어들자 이윽고 예사롭지 않아 보이는 돌탑이 길 양쪽으로 펼쳐졌다. 저건 필시 무슨 곡절이 있겠다 싶었다. 이 신령스러운 금수산에 뭉클한 전설 하나 없겠는가.

20여 년 전, 도회지에서 살던 40대 중반의 한 평범한 여인이 무슨 병인지도 모르게 시름시름 앓기 시작했다. 백방으로 약을 써도 차도가 없자 마지막이란 심정으로 요양을 위해 찾아든 곳이 바로 이곳 금수산 능강계곡 얼음골이다. 먹고 살기 위해

오두막 주위의 야산을 개간하기 시작했는데, 돌덩이가 끝도 없이 나와 골칫덩어리였다.

그러다 우연히 TV에서 방영된 진안 마이산의 멋진 돌탑을 보자마자 전율이 일었다. 그 뒤부터 산을 개간하느라 나온 돌덩이로 탑을 쌓았다. 하루하루 정성과 사랑, 혼이 들어가자 상상하지 못한 예술작품이 만들어지기 시작했다. 그렇게 만들어진 돌탑이 지금 100개가 넘고, 앞으로도 계속 쌓을 것이라고 한다.

그날 참으로 운 좋게 그 석축가, 아니 예술가를 만났다. 실제 나이는 60대 중반. 작고 가냘픈 몸매였지만 어딘가 모르게 강단 지고 나이에 비해 젊어 보였다. 애물단지 돌덩이를 예술로 승화시켜 능강계곡의 전설을 새롭게 써 내려가고 있는 수수한 아낙네의 그 염화미소. 세상만사 모든 고뇌와 번뇌를 해탈한 살아있는 부처님처럼 보였다.

그렇게 한 작품, 한 작품을 눈에 담은 후 아름드리나무로 울창한 숲길에 들어섰다. 갑자기 서늘한 향기가 온몸을 감쌌다. '얼음골'로 잘 알려진 충북 제천 금수산(1019m) 서북쪽 8부 능선의 한양지寒陽地에서 발원한, 하얀 속살처럼 투명한 물살들이 함박웃음을 머금고 굽이굽이 춤을 추며 앞서거니 뒤서거니 지축을 흔들며 충주호로 무섭게 내달리고 있었다. 마침, 전날 비가 많이 내려 거세진 물살이 녹음방초 우거진 청솔숲 사이를 신나게 미끄러지면서 우아한 활강 곡예를 펼쳤다.

별천지의 비경, 능강구곡

한반도 삼천리가 다 금수강산이지만, 특히 풍광이 빼어난 능강 계곡 9곳을 능강구곡綾江九曲이라 이름 짓고 천하의 한량들이 모여 시를 짓고 춤을 추며 풍류를 즐겼다.

충주댐 수몰로 다른 길이 나면서 용주폭 위에 능강교가 개설되고, 충주댐 만수 때는 일부가 수몰되어 예전의 경승은 반감되었다고 하지만 여전히 절경이다.

능강계곡을 흐르는 물을 한참 동안 물끄러미 쳐다보았다. 금수산 한양지의 4km 계곡 양편으로 단애가 연달아 이어져 급류로 흘렀다.

계곡을 위로 거슬러 올라가자 능강구곡이 하나둘씩 눈에 들어왔다. 한 곡, 한 곡 각각의 오묘한 풍경이 아름다워 한참 동안을 넋을 잃고 바라다봤다. 능강구곡은 천년을 살고 막 하늘로 승천하려는 이무기가 인간들에게 후회 없이 잘 살고 가는 법을 가르쳐주는 것 같은, 마법의 교육장이자 지혜의 거울과도 같았다. 세상을 살다 간 이무기가 승천하기 전에 들려주는 그 지혜가 꿈결처럼 들려왔다.

제1곡 쌍벽담雙璧潭-깨달음과 해탈의 방

이 어리석은 중생들아! 지금 걱정하고 있는 것이 무엇이냐? 너희는 잠시 여러 작은 물질 분자가 뭉쳐져 생긴 존재로 백 년도 못

되어 다시 사라질 신기루, 우주에 떠도는 먼지가 아니더냐! 아무리 발버둥 쳐도 인생이란 그렇고 그렇게 정답이 없고 허우적대다가 허망하게 가는 법…. 너무 집착하거나 소유하려 하지 말고 저 능강계곡 물살처럼 마음 가는 대로 숨결 따라 그저 담백하고 유쾌하게 살다 가라고 가르치신다.

제2곡 몽유담夢遊潭-꿈과 이상의 방

그렇다고 인생이 저 물이나 돌처럼 생명이 없는 허망한 것만이 아니니 큰 꿈과 이상을 품고 살아라. 이왕 태어났으니 아무짝에도 쓸모없는 제도나 문서에 얽매이지 말고, 남의 눈도 의식하지 말고 꼭 너다운 의미와 가치를 담아 이 넓은 우주에 보람되고 창조적인 그 뭔가를 하나라도 이루며 가거라! 그 어떤 장애물이 너의 앞을 막더라도. 그렇게 최선을 다하여 살다 가는 것이 우리가 이 땅에 태어난 소명이자 의무라고 가르치신다.

제3곡 와운폭臥雲瀑-철학과 낭만의 방

이 세상을 만든 진짜 조물주가 있다면 어찌 만물의 영장인 인간을 작은 틀에 가두어 평생 일만 하다 사라지게 만들었겠느냐? 낭만이란 거창한 게 아니다. 지금의 일상에서 조금만 벗어나 조금씩만 여유롭게 시간을 할애해서 저 구름이 흘러가는 사연을 듣고, 저 하늘의 달과 술도 한잔 나눠보고, 쏟아지는 별빛을 눈에 담으면서 아득한 우주도 꿈꾸어 보고, 산과 들과 파도가 속삭이는 자연의 감미로운 소리를 들어보렴. 오묘한 우주와 자연의 근원, 철학의 소리가 들리지 않는가! 그렇게 살라고 조물주는 생명을, 인간을 만들었다고 가르치신다.

제4곡 관주폭貫珠瀑-부자의 방

잊지 말아라! 인간은 유기체이기에 날마다 에너지를 얻지 못하면 순식간에 공空으로 사라져 버린다는 것을. 제아무리 고고한 선비라도 사흘을 굶으면 그 높은 학식과 인품도 간데없이 야수가 되어버리는 법칙을…. 그래서 돈은 최대한 정직하게 많이 벌어야 한다. 돈은 생각보다 훨씬 더 큰 자유와 행복과 즐거움을 선사한다. 돈의 속성을 이해하고 깨달아 돈의 노예가 되지 말고 품위 있고 멋지게 살라 가르치신다.

제5곡 용주폭龍珠瀑-사랑과 우정의 방

아! 꿈결 같았던 그 사랑으로 나는 다시 돌아가련다! 가슴에 새겨진 그 눈동자. 이 세상에 태어나 단 한 번 진실로 반했던 그 황홀한 밤의 꿈결 같은 사랑. 사랑하기에, 너무나 사랑하기에 떠나야만 하는 줄 알고 바보같이 떠나보냈다. 하지만 이제는 알아 버렸다. 이 세상 모든 것보다 지고지순한 그 사랑이 소중하고 아름답다는 것을…. 아! 꿈결 같았던 그 사랑으로 나는 다시 돌아가련다. 떠나간 님을, 친구를 생각하며 진한 사랑과 우정을 쟁취하고 속삭여라! 시대를 앞서간 조선의 혁명사상가 허균은 "남녀 간의 사랑은 하늘이 준 것이고, 남녀유별의 윤리와 기강을 분별하는 일은 성인의 가르침이다. 하늘은 성인보다 높으니 차라리 성인의 가르침을 어길지언정 하늘이 준 본성을 거스를 수는 없다"고 했다. 남녀 간 사랑은 하늘이 인간에게 준 최고의 선물이고, 우정은 무섭고 외로운 깜깜한 밤에 등불과도 같다. 그러니 소중한 선물과 등불을 마음껏 활용하고 즐겨라. 그게 진정한 최고의 행복이고 무병장수의 지름길이라고 가르치신다.

제6곡 금병대錦屛臺-좌절과 실패의 방

일찍이 맹자는 그 사람이 더 크고 중요한 일을 감당할 수 있도록 하늘이 시련을 내려 담금질하는 것이라고 설파했다. "고통으로 인하여 죽지 않았다면 그 사람은 그만큼 성숙해진 것이다." 니체 역시 그 원리를 깨닫고 이같이 말했다. 시련과 실패는 진정으로 나를 성숙시키기 위한 선물이니 두려워하지 말고 당당히 받아들이고 즐겨라! 우주는 생로병사와 희로애락의 법칙이 적용되니 실패와 고난의 시간에도 용기와 희망을 잃지 않고 부단히 인내하고 노력하면 반드시 내일은 찬란한 태양이 뜨는 법이 세상의 이치라고 가르치신다.

제7곡 연자탑燕子塔-도전과 여행의 방

저 하늘을 나는 새처럼 도전하고 여행하며 살아라! 백 년도 못 사는 삶. 도전을 두려워하지 말고 자연의 신비와 오묘함을 맘껏 감상하고 체험하며 멋지게 살라고 가르치신다.

제8곡 만당암晩塘岩-진리와 지혜의 방

만물의 영장이 짐승처럼 본능과 욕구대로만 산다면 어찌 인간이라 말할 수 있겠는가! 이 세상 심오한 진리와 지혜, 과학을 연구하고 체험하여 세상에 아름다운 향기를 남기고 가는 것이 멋진 삶이 아니겠는가! 책에는 한 인간이 평생을 걸쳐 연구하고 경험한 지혜와 지식이 함축되어 있다. 그 속에 진리와 지혜, 자유와 행복, 나아가야 할 길이 담겨 있다. 책을 읽지 않는 성인을 여태껏 보지 못했다. 그러니 치매 예방 차원에서라도 죽을 때까지 책을 사랑하며 읽으라 가르치신다.

제9곡은 취적대翠滴臺-무병장수 건강의 방

건강하기 위해서는 지켜야 할 것이 있다. 백해무익한 활성탄소와 찌꺼기를 몸속에 남기지 않기 위해 소식小食하라. 오장육부 등 모든 장기가 원활하게 작동하고 면역기능을 강화하기 위해서는 골고루 영양가 있는 음식을 제시간에 맞춰 섭취하라. 그리고 숙면 해야 한다. 꾸준히 운동하고, 항상 긍정적으로 생각하고, 피로를 줄이며 사는 것이 무병장수의 길이다. 이 세상을 다 주어도 건강보다 소중한 게 없으니 건강을 최우선으로 여기며 살라고 가르치신다.

이렇게 능강구곡의 수업이 끝났다. 인생이란 이렇게 살아도 헛되고, 저렇게 살아도 허망하다지만 그래도 이런 9가지 가르침을 생각하며 살면 조금은 보람된 삶이 아닐까.
　무더운 여름날 무릉도원에서 잠깐 사색의 꿈을 꾸고 정신을 차려보니 어느덧 얼음골 정상에 도착해 있다. 얼음골은 금수산 서북쪽 정상 9부 능선 돌무더기 안에 있다. 얼음골 석실에 앉자 '여기까지 오느라고 얼마나 고생하고 살기가 얼마나 힘드냐'며 어여쁜 금수산 선녀가 얼음찜질을 해주기라도 하듯 온몸이 청량한 기운으로 충만했다.

하늘과 바람과 별 그리고 생사에 관하여

고성 소똥령에서 넘는 생사의 언덕

소똥령에서 제일 높다는 제1봉(340m) 정상도 여느 때와는 다르게 구름 속을 걷듯 가볍게 올랐다. 이런 것을 보면 아인슈타인의 상대성 이론이 참으로 맞는 것 같다. 고통스러운 하루는 10년이나 되는 듯 느리게 가는 것처럼 느끼지만, 사랑하는 연인과 함께하는 달콤한 하룻밤은 눈 깜짝할 사이에 지나가고 마는 것처럼 느낀다.

소똥령의 유래와 풍광

"죽음이란 원자의 소멸이 아니라 원자의 재배열이다. 내가 죽어도 내 몸을 이루는 원자들은 흩어져 다른 것의 일부가 된다. 인간은 흙에서 나와 흙으로 돌아간다는 말은 아름다운 은유가 아니라 과학적 사실이다. 이렇게 우리는 원자를 통해 영원히 존재한다."

우연히 물리학자 김상욱의 글을 읽고 죽음의 의미가 궁금해져서 앤드루 도이그의 《죽음의 역사》를 읽었다. 내친김에 톨스토이, 헤밍웨이, 헤세 등 대문호들의 죽음에 관한 작품을 엮어 지은 이문열의 《죽음의 미학》까지 읽었다. 그리고 소똥령의 '똥'이 죽음과 일맥상통하지 않을까 하는 생각이 들었다. 밥의 죽음이 똥 아니던가. 한 여름날, 소똥령 등반을 하는 내내 죽음의 의미를 생각했다.

우리에게 익숙한 대관령, 한계령, 미시령, 진부령, 구룡령은 강원도에서 경기를 오가려면 넘어야 했던 고갯길이다. 그만큼 애환이 많이 서려 있는데, 산 아래로 터널이 뚫리면서 이제는 아련한 옛 추억이 되었다. 소똥령은 전국적으로 유명한 길은 아니지만, 고성에서 인제를 잇는 중요한 고갯길이었다.

소똥령은 강원도 고성군의 진부령陳富嶺과 함께 간성과 인제가 통하는 길목이다. 가장 널리 전해지는 이야기는 고개를 넘어 장으로 팔려가던 소들이 고개 정상에 있는 주막 앞에 똥을 많이 눠 산이 소똥 모양이 됐다는 데서 그 이름이 유래했다는 것이다. 또 이곳은 과거 한양으로 가던 길목으로, 사람들의 왕래가 잦아 산 생김새가 소똥과 같이 돼버린 탓에 소똥령이라는 이름이 붙었다는 설도 있다. 한편, 간성과 인제를 연결하는 고개 중에서는 그 규모가 작은 편이라 '동쪽의 작은 고개'라는 뜻으로 소동령小東嶺으로 부르던 것이 자연스레 소똥령으로 바뀌었다는 이야기도 있다.

큰아들이 9년 전쯤에 강원도 양구 휴전선 GOP에서 군 생활을 했다. 소똥령길은 그때 한번 면회를 다녀오느라 거친 길이어서 그런지 낯설지가 않다.

산에 오른 지 5분이나 됐을까. 길이 60m에 이르는 소똥령 출렁다리가 우리를 환영한다. 다리를 건너자 마치 하늘의 레드카펫을 밟고 온 듯 새로운 소똥령 세계가 펼쳐졌다.

어디에서나 쉽게 볼 수 없는, 피톤치드 가득한 300~400년 된 아름드리 소나무들이 아름다운 풍채를 뽐내고 있다. 버섯 모양, 삿갓을 쓴 모양 등 우람한 소나무들이 모양도 갖가지로 장관을 이루고 있다.

소나무를 감상하면서 소똥령에서 제일 높다는 제1봉(340m)까지 구름 속을 걷듯 가볍게 올랐다. 이런 것을 보면 아인슈타인의 상대성 이론이 참으로 맞는 것 같다. 고통스러운 하루는 10년이나 되는 듯 느리게 가는 것처럼 느끼지만, 사랑하는 연인과 함께하는 달콤한 하룻밤은 눈 깜짝할 사이에 지나가고 마는 것처럼 느낀다.

살아있는 것만으로도 기적이고 축복

소똥령 마을이 아득하게 보이는, 전망이 제일 좋은 자리에 앉아 눈을 감고 휴식을 취하는데, 문득 첩첩산중 어느 곳에서 "희범아~ 희범아~ 잘 지내냐?" 하는 소리가 들리는 듯했다. 어젯밤 잠을 설쳐가며 《죽음의 미학》을 읽고 온 때문일까. 이 세상에서 내 이름을 가장 편안하고 다정하게 불러줬던, 지금은 저 하늘나라에 있는 절친 채와 성이 나를 지켜보며 미소 짓는 듯했다. 상념은 나도 모르게 어느새 죽음의 세계로 깊이 빠져들었다.

세상에는 천수를 다 누리고 편안히 가는 죽음도 있지만, 고통을 겪다가 아까운 나이에 세상을 뜨거나 졸지에 비명횡사한 죽음도 지천이다. 사랑 때문에 목숨을 버리는 죽음도 있고 종교나 정치적 신념으로 인한 죽음도 있다. 날마다 수만 명씩 굶어 죽고, 전쟁 통에 수백 수천 명씩 몰살당하는 죽음은 그 개별 존재조차 드러내지 못하는 익명의 죽음으로 떨어진다. 이처럼 죽음은 저마다 다른 모습으로 오지만, 늘 우리 곁에 있다.

좀 이르거나 늦게 오는 차이가 있을 뿐 죽음은 누구에게나 찾아오고 누구도 그 죽음을 막을 수 없다.

문학을 비롯한 예술작품에서도 죽음은 다양한 형태로 묘사된다. 톨스토이가 《이반 일리치의 죽음》에서 그린 죽음도 허망하다. 중류층 가문에서 태어난 이반 일리치는 자수성가해 다들 우러러보는 판사가 되고, 마음에 드는 집을 사서 이사한다. 하지만 호사다마라고 했던가! 너무나 기분이 좋아 들뜬 나머지 부주의로 사다리에서 떨어지면서 뾰족한 쇳덩이에 옆구리가 찔려 죽고 만다.

헤세의 소설 《크놀프》의 주인공은 독일의 엄친아다. 가문 좋고 매너 좋고 정의롭기까지 해서 다들 부러워한다. 사춘기의 그에게도 사랑이 찾아와 사랑에 빠진다. 모든 것을 바쳐 그녀를 사랑하지만 둘은 결국 헤어지고 만다. 크놀프는 그때부터 생의 의욕을 잃고 방랑자로 떠돌다가 늙고 병들어 고향의 그녀를 찾는다. 늙은 그녀를 만나고 나서 어린아이처럼 울먹이면서 말한다.

"풀과 포도주같이 짙고 달콤한 향기가 이른 봄밤의 그윽한 바람이 돼 밀려왔다. 참으로 그것은 아름다웠다. 기쁨도 아름다웠고, 슬픔도 아름다웠다. 아! 그런 날이 없었으면 얼마나 비참했을까! 하지만 그때 바로 모든 게 끝났어야 하는 건데! 이미 행복 속에 가시가 있었다! 두 번 다시 좋은 시절은 오지 않았네. 결코 다시는…."

크놀프는 그렇게 쓸쓸하게 눈물 속에서 죽음을 맞는다.

휴~ 꿈인지 생시인지, 잠깐의 상념에서 깨어나 큰숨을 한번 내쉬고 지금 내가 살아있는 것인지 큰소리를 질러보았다. 아~ 이렇게 살아있음이 고맙다. 다시 묵묵히 산행을 이어갔다. 한참을 걷다 보니 어느덧 소똥령의 2봉, 3봉을 찍고 내려와 시원한 물줄기가 내리치는 칡소폭포다.

칡소폭포는 칡넝쿨로 그물을 만들어 바위에 고정해 놓으면 산란기를 맞아 물길을 뛰어오르는 연어나 송어 같은 물고기들이 걸려들어 붙여진 이름이다.

물고기들도 이처럼 무슨 목적에서든 자기 세상을 찾아가다가

여름 121

불의의 죽음을 맞는다. 살아있는 것들은 예외 없이 죽음을 안고 산다.

그래서 삶은 더욱 경이롭다. 죽음이 있어서 숭고하고 아름다울 수밖에 없다. 그러니 1분, 1초를 낭비하지 말고 보람되고 가치 있고 멋지게 살 수밖에 없다.

고개를 들어 아득히 먼 곳을 바라봤다. 모든 것이 푸르고 신비롭다. 지금 내 눈앞에 보이는 소똥령은 이름이 소똥령이지만, 직접 와서 보니 숲이 울창하고 시원하고 멋스럽고 아름다워서 전혀 더러운 똥의 느낌이 나지 않는다.

그렇다. 죽음도 그 두려움과 금기의 인식과는 별개로 우리 일상 어디에서든 어느 순간이든 함께하는 삶의 뒷면이다. 그래서 지금 우리의 삶이 더 가치 있고 소중한 게 아닐까! 살아있는 것만으로도 고맙다.

우리는 하산 후 점심을 맛있게 먹고 가까운 라벤더 농장을 찾았다. 산과 들과 물과 하늘과 구름과 바람과 태양과 토양이 어우러져 만든 은은한 라벤더 향기에 취하고, 그런 대자연 속에 인간의 향취가 더해지니 우울함이 달아나고, 세상 살맛이 절로 난다.

건강하게 사는 장수 비결 10가지

첫째, 나를 알자
건강하게 지내려면 혈압, 혈당, 콜레스테롤과 비타민D 수치를 확인하라. 체질량 지수는 물론 허리둘레와 엉덩이둘레의 비율을 적어두는 것도 잊지 말 것. 집안 병력에 대해서도 최대한 알아두자.

둘째, 빨리 움직여라
걷기는 누구에게나 좋은 운동. 중요한 건 속도다. 숨이 가쁘고 땀이 날 정도로 빨리 걸어라. 하루 30분이면 몸은 물론 두뇌를 최선의 상태로 유지할 수 있다. 햇볕을 받으며 걷는다면 금상첨화. 기분이 밝아지고 비타민D도 생긴다.

셋째, 하루 10시간 단식하라
계속 먹을 게 들어가면 위가 쉴 틈이 없어진다. 소화 기관에도 휴식이 필요하다는 사실을 잊지 말 것. 밤 9시 이후에는 아무것도 먹지 말자. 그것만 지켜도 매일 10시간의 단식이 가능하다. 저녁밥을 최대한 일찍 먹고, 아침밥은 느지막이 먹는 식으로 공복을 14시간에서 16시간까지 늘릴 수 있다면 더 좋다.

넷째, 숲으로 가라
나무 그늘에 있으면 머리가 맑아지는 기분이 들지 않는지? 과학적으로 근거가 있다. 피톤치드가 스트레스와 혈압을 낮추고 면역력은 높이는 것. 또 숲속 흙에 사는 미생물은 우리 몸의 미생물군 유전체를 건강하게 유지하도록 돕는다.

다섯째, 근육을 단련하라
마흔이 넘으면 1년에 1%꼴로 근육이 사라진다. 그 결과 심장병, 뇌졸중, 골다공증에 걸릴 위험도 커진다. 적어도 일주일에 두 번은 근력 운동을 할 것. TV 앞에 아령을 두고 짬짬이 들어버릇하는 것만 해도 크게 도움이 된다.

여섯째, 독서하라

앉아 있는 것보다는 움직이는 것, 혼자보다는 여럿이 하는 일이 건강에 좋다. 그런데 독서는 대개 앉아서, 또 혼자 하기 마련인데도 불구하고 장수에 도움이 된다. 한 연구 결과에 따르면, 독서를 많이 하는 이가 그렇지 않은 이들보다 2년 이상 오래 산다. 하루에 30분 정도 책을 읽는 건 숙면에도 좋다.

일곱째, 낮잠을 자라

짧은 낮잠은 주의력, 집중력, 기억력을 높인다. 특이하게도 낮잠을 자는 사람이 밤에 더 잘 잔다는 연구 결과도 있다. 단, 낮잠은 30분을 넘기면 안 된다. 시간이 늦었다면, 다시 생각할 것. 늦은 오후에 낮잠을 잤다간 밤잠을 설칠 수 있다.

여덟째, 점프하라

뼈를 건강하게 유지하려면 자꾸 뼈를 써서 운동해야 한다. 관절만 버텨준다면, 가장 효과적인 건 점프다. 하루에 10~20회 정도 점프하라. 한 번 하고 30초 쉬는 식으로 반복하면 좋다. 달리기나 줄넘기 역시 골밀도를 건강하게 유지하는 데 좋은 운동이다.

아홉째, 눈을 아껴라

눈을 보호하는 최고의 비법은 담배를 끊는 것. 그리고 눈에 좋은 음식을 섭취해야 한다. 규칙적으로 안과 검진을 받는 것도 중요하다. 텔레비전, 컴퓨터 모니터, 스마트폰 등을 너무 오래 보지 말고, 햇볕이 강하다면 여름에는 물론 겨울에도 선글라스를 쓰자.

열째, 어울려라

외로움은 노년의 적. 당뇨병만큼이나 위험하다. 사람들과 좋은 관계를 맺을 것. 꼭 친구가 아니어도 누군가를 돕고, 다독이는 일이 우리를 살게 만든다. 개를 키우는 것도 좋다. 반려견에게 식사를 챙겨주고 산책시키다 보면 규칙적인 생활이 가능해진다.

인간세상을 널리 이롭게 하리라

강화 마니산 참성단에서 되새기는 재세이화

어쩌면 단군왕검이 꿈꾼 세상은 더 부자가 아니더라도 모두를 이롭게 하는 홍익인간의 세상, 모두가 인간답게 살아가는 그런 세상일 것이다. 우리가 그런 마음으로 살아갈 때 진정한 행복이 찾아오지 않을까 하는 생각이 머리를 스쳤다.

참성단에 서린 홍익인간의 혼

 지금으로부터 4355년(단기 2333년) 전, 한 무리의 인간이 정갈하고 엄중하게 하늘을 향해 제를 올리고 있었다. 그곳은 백두산과 한라산 중심에 있는 강화도 마니산摩尼山의 참성단塹星壇이다.

 제사장은 단군왕검이다. 하늘을 다스리는 천제 환인이 무리 3000과 함께 아들 환웅을 내려보내 신시神市를 열어 세상을 다스리게 했다. 이에 환웅은 비·구름·바람을 다스리는 우사·운사·풍백을 거느리고 곡식·수명·질병·형벌·선악·지혜에 관여하여 인간 세상 365일을 관장하는데, 곰과 호랑이가 찾아와 인간이 되기를 간청했다. 삼칠일의 고통을 감내하고 마침내 사람이 된 웅녀를 갸륵히 여긴 환웅이 혼인하여 아들을 낳으니 단군왕검이다. 제사장 단군왕검은 1908세를 살다가 신선이 되었다.

 등반 친구들과 건국 신화가 살아 숨 쉬는 역사의 현장, 마니산 참성단을 오르면서 단군왕검의 마음속으로 들어가 보았다.

천제의 손자, 단군왕검의 치세

숱한 시련을 극복하고 천손으로서 인간세상을 다스리는 임금이 되었는데 내가 어찌 만인과 똑같은 사람의 자식, 혈통이겠는가!

나는 보통의 사람과 다른 이 나라의 중심이자, 하늘에서 내린 혈통으로 재탄생돼야 권위와 위엄이 자체 발광해서 만백성이 나를 믿고 따라서 우러러보지 않겠는가!

그것을 상징하기 위해 한반도 고조선의 중심이자 바다와 육지가 조화롭게 어울려 신비롭고, 마니와 혈구로 우주의 기가 강한 곳이 필요하다. 비교적 쉽게 제단을 쌓을 수 있고, 칠선녀들이 어

렵지 않게 오를 수 있는 바로 이곳 강화도 마니산 참성대로, 퍼포먼스를 펼치기에 최적의 장소 아니겠는가!

이곳에서 하늘과 소통하고 통섭하는 퍼포먼스를 통해 단군왕검인 내가 천자의 손자임을 만인에게 선포하고, 나약할 수밖에 없는 인간의 군주로서 초자연 앞에 풍요를 기원하는 것, 그리고 자연재해를 최소화해 달라고 간청하는 것이 나의 책임이자 의무다. 진정으로 백성들이 편안하고 행복하면 얼마나 좋겠는가!

보이는 것만이 다는 아니다

그렇게 단군왕검의 마음속으로 들어가 이런 바람을 떠올리며 깊이 생각하다 보니 어느새 단군왕검이 임금으로서 소망하는 것들이 사무치게 간절해지는 것을 느꼈다.

그렇구나! 4000여 년이 지난 21세기에 이렇게 후손들이 나를 기리는 단을 쌓아 해마다 천제를 지내니 참으로 기쁘고 고맙기가 한량없구나!

나는 정말 신비롭게도 단군왕검의 마음속으로 들어가 마니산을 온몸으로 느끼며, 거룩한 분위기를 연출하는 마니산 정상을 오르는 영광스러운 등산의 기쁨을 맛볼 수 있었다.

그렇게 즐겁게 등산을 마치고 시장기를 달래고자 아늑한 자리를 잡아 방석으로 사용할 멋진 돌을 들던 찰나 보지 않았으면 좋을 오물 덩어리를 만나고 말았다. 순간, 멋지다고 집어 든 돌을 마치 폭탄을 집어 든 듯 놀라 팽개쳐 버렸다. 해골바가지 물을 마신 원효대사가 이런 기분이었을까. 같은 현상을 두고도 마음에 따라 느끼는 기분이 이처럼 딴판이라니. 참으로 인간의 마음이란 간사하다. 눈에 보이는 것 하나로 기분이 순식간에 좋아졌다가 나빠지면서 천당과 지옥을 오가니 말이다.

그 순간 내가 생각하는 이치에 합당하면 옳지만, 이치에 합당하지 않으면 그르다는 식의 '합리적 기준'이라는 것이 성립하는 것인지, 벼락같은 회의가 들었다.

세상을 내 기준이 아닌 포용과 조화의 시선으로 본다면 모든 산천초목 삼라만상이 나름 다 가치가 있고 의미가 있고 아름다운 것이 아닐까?

우리 인간은 너무 합리적이고 자기 생각과 딱딱 맞아떨어지는 것만 추구하기에 지금의 이 풍요로움 속에서도 만족하지 못한 채 빈곤과 불행을 느끼고, 열등감과 부러움에 스스로 자멸하며 죽음을 맞이하는 것이 아닐까!

어쩌면 단군왕검이 꿈꾼 세상은 더 부자가 아니더라도 모두를 이롭게 하는 홍익인간의 세상, 모두가 인간답게 살아가는 그런 세상일 것이다. 우리가 그런 마음으로 살아갈 때 진정한 행복이 찾아오지 않을까 하는 생각이 머리를 스쳤다.

▶ 마니산, 나의 등산로

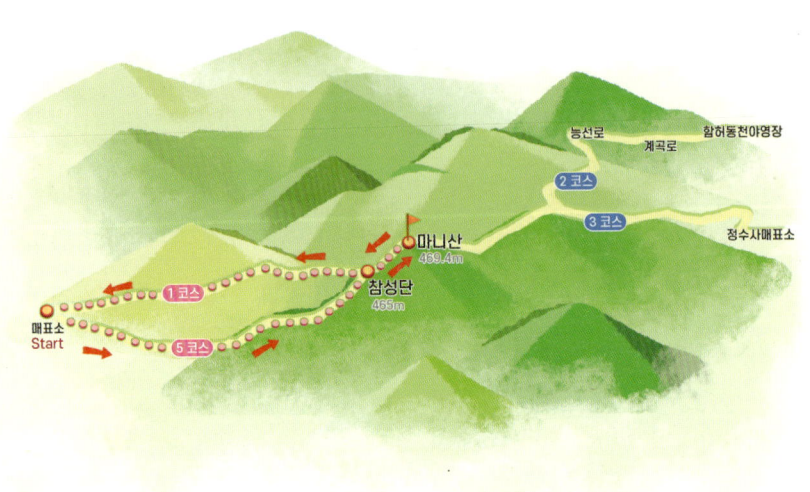

동쪽 먼 심해선 밖
한 점 섬에 가다

울릉도 성인봉과 독도에서 생각하는 국토

460만 년 전에 화산폭발로 생긴 독도는 원래 지금의 울릉도 크기였는데, 오랜 세월 풍파에 흩어지고 떨어져 나가 지금은 원본의 2%만 남은 작은 섬이 되었다. 그래서인지 더욱 신비롭고 아름다웠다.

울렁 울렁 울릉도 가는 길

　내 인생 최고 행운이라고 생각하는, 멋진 친구 모임이 하나 있다. 깨복쟁이 친구들로 함께 자라 고등학교 무렵에 모임을 결성했다. 한창때는 대한민국을 함께 맛보고 뒹굴다가 이제는 막걸리에 소주를 비벼, 세상 사는 참 맛을 맛보는 모임이다. 정말 오랜만에, 코로나 방역 봉쇄가 풀려 그 친구들과 울릉도·독도로 가는 쾌속선을 함께 탔다.

　태평양 넓은 바다의 시작점, 동해는 역시 달랐다. 서해 백령도로 가는 4시간의 쾌속선이 수많은 작고 아름다운 섬들을 감상하는 배라면, 울릉도 쾌속선(묵호항에서 울릉도까지 편도 약 170km)은 시속 60km의 속도로 마치 망망대해 우주를 유영하는 우주선 같다.

　바다와 하늘이 맞닿아, 오직 운무만이 저쪽 어디쯤이 하늘임을 짐작하게 하고, 지구가 둥글다는 것을 입증이라도 하듯 사방팔방 지평선 끝까지 모두 꺼져 있다. 그 끝은 아무것도 보이지 않았다.

끊임없이 출렁이는 파도를 보면서, 왜 바닷물이 썩지 않고 나비효과가 어떻게 생겨나는지…. 생각에 생각이 꼬리를 물었다. 작은 나비의 날갯짓에 파도가 더욱 힘이 가해져, 마침내 임계점에 다다른 작은 수증기 입자들의 날개에 불을 붙여, 용광로처럼 때로 모이고 합쳐진 거대 에너지 덩어리, 태풍이 탄생하고… 갇히고 고여 냄새나고 고장 난 에너지를 순환시켜, 날마다 신비롭게 우리 지구를 유지·보수해 준다.

태평양은 넓고도 넓어 무한한 에너지의 원천으로서 끊임없이 내보내는 파도로 스모킹건을 삼기에 가능하겠구나 하는 생각에 다다랐다.

아, 저 파도가 얼마나 위대한가! 그런데 그 파도에 의해 내 친구도 뱃멀미에 몸서리를 저렇게 치는데, 정말 나뭇잎 같은 배로, 우주의 미아나 다름없는 게 아닌가.

물은 생명 탄생의 비밀을 간직하고 있다. 바다는 엄청난 육지의 물을 가두고 정화한 후 태양에 증발시켜, 삭막한 대지에 비를 뿌린다. 저 넓은 어머니의 젖가슴으로….

3무5다三無五多의 섬, 울릉도

드디어, 사진으로만 본 전설의 외삼촌 같은, 울릉도 도동항이 묵호항에서 출발한 지 2시간 40분 만에 눈앞에 우뚝 솟아났다.

    왠지 모르게 사진으로 본 것보다도 도동항은 작아 보였고, 코로나19 방역 완화로 3년 만에 '자유'를 찾은 수많은 사람들로 발 디딜 틈도 없이 인산인해, 또 다른 바다를 이루고 있었다. 수요와 공급의 법칙에 따라 지금의 도동항 근처 땅은 한 평에 5000만 원을 호가한다고 한다. 그 금싸라기 땅에 첫발을 내디뎠다.

    울릉도는 250만 년 전 두 번의 강력한 화산폭발로 탄생한 2중 화산섬이다. 풍파에 찢기고 갈라지고 닳아서 상처투성이지만 내 눈에는 난생처음 보는 자연이 빚은 신비하고 경이로운 걸작이자 그 자체로 거대한 조각품이다.

    울릉도는 경치도 아름답지만, 도둑·뱀·공해가 없는 3무無에, 향나무·바람·미인·물·돌이 많은 5다多 섬이다.

이런 울릉도에 왜구의 약탈이 심해지자 1417년 5월, 조선 정부는 쇄한정책으로 소개령을 발동했다. 이후 465년간 사람이 살지 않다가 고종 20년(1883) 5월에 어명으로 18가구가 이주해 살았다.

울릉도는 남회귀선과 북회귀선이 만나는 지점이어서 오징어 등 물고기가 많이 잡혀 한때는 3만 명 정도가 부유하게 살았다. 지금은 인구가 많이 줄어 8000명 정도가 살고 있고, 교통의 발달로 관광객이 몰려들어 날마다 북새통을 이룬다.

성인봉의 풍광과 북면의 원시림

다음날, 대한민국 10대 명산이라는 성인봉을 혼자 올랐다. 250만 년 세월의 더께가 쌓여온 숲은 밀림을 방불하듯 울창했다. 등산로는 잘 정돈되어 편안했지만, 성인봉 정상이 키 큰 나무숲으로 둘러싸여 태평양을 조망할 수 없다는 것이 좀 아쉬웠다.

성인봉은 산정에 화구가 따로 없는 외륜산으로, 북쪽의 거대한 칼데라인 나리분지 사이에 중앙화구인 알봉이 솟아있다. 북쪽 사면의 원시림 지대에는 특산식물 36종을 포함해 300여 종의 식물이 분포해 일찍이 천연기념물로 지정되었다.

등산로는 도동리−관모봉−정상−나리분지−천부리, 도동리−관모봉-정상-관모봉-봉래폭포-저동리로 이어지는 2개가 있다. 울릉도 중심에 우뚝 솟은 성인봉(986.5m) 주위로는 미륵산(901m), 관모봉(586m), 두리봉(602m), 나리봉(840m), 송곳산(606m), 형제봉(713m) 등 여러 봉우리가 호위하듯 솟아있다.

성인봉 높이가 무려 1000m에 가까운데 물 한 병도 챙기지 않고 정상에 오른 무모한 젊은 커플에게 김밥과 막걸리, 초콜릿을 아낌없이 내어주어서 그런지 기분도 상쾌해져 콧노래를 부르며 나래 분지를 가로질러 내려왔다.

아! 독도

다음날 오전에는 울릉도를 뒤로하고 독도를 향했다. 독도는 가고 싶다고 해서 아무 때나 갈 수 있는 곳이 아니다. 날씨가 허락해야 했다. 3대가 나라를 구하는 정도의 덕을 쌓아야 입안할 수 있다는 말이 돌 정도로 날씨의 허락을 받는 일이 어렵다고 했다.

우리가 독도로 향한 때는 운 좋게도 바다가 바람 한 점 없이 잔잔해서 평화롭게 입안할 수 있었다.

460만 년 전에 화산폭발로 생긴 독도는 원래 지금의 울릉도 크기였는데, 오랜 세월 풍파에 흩어지고 떨어져 나가 지금은 원본의 2%만 남은 작은 섬이 되었다. 그래서인지 더욱 신비롭고 아름다

였다.

 그리고 무엇보다 우리나라 영토와 안보를 확장해 준 보배 같은 섬으로, 왠지 살갑고 사랑스러운 연인처럼 다가왔다.

 울릉도에서 독도까지 약 84km 거리로, 배로는 1시간 30분….
실제로 보니 사진보다 실물이 훨씬 작게 느껴졌다. 아마도, 우리가 독도를 너무나 사랑하기 때문에 독도를 실물보다 훨씬 크게 사진 찍고, 가슴에 간직한 게 아닐까! 그리운 독도를 품에만 담기 아까워 사진으로 남겼다.

▶ 성인봉, 나의 등산로

▲ 중계소 - 팔각정 - 성인봉 - 원시림 - 나리분지 : 8.3km

산에서는 늘 신중하고 겸손해야 하는 이유

가평 칼봉산 경반계곡에서의 아찔한 순간

폭포 아래에서 위를 올려다보니 하늘로 뚫린 듯한 바위굴 같은 골짜기가 산 정상까지 이어져 있다. 볼수록 생기 있고 우렁차다. 그렇구나! 이 멋진 폭포가 내 마음속에서 영원히 지워지지 않으려고 오늘 그 살 떨리도록 아찔한 순간이 있었구나.

한순간 스스로를 위험에 빠뜨린 경거망동

어쩌면 저 너머에 오늘의 목적지인 수락폭포가 있을 것도 같았다. 물속을 낮은 포복으로 기어서 3m가 넘는 가시넝쿨 터널을 뚫고 마침내 계곡 정상에 도달했다고 생각하니 가슴이 벅찼다. 온 힘을 다해 달려왔으니 내 눈앞에는 새 세상이 펼쳐져 있으리라!

그런데 아뿔싸~ 눈을 떠보니 지금 내 눈앞은 정글이나 다름없는 원시림이었다. 계곡물에 반쯤 잠긴 하얀 새의 사체에선 지금 막 빠져나온 영혼이 영롱한 검은색 호랑나비로 변신해 마지막 작별의 입맞춤이라도 하는 듯 파란 광채로 번쩍였다. 또 다른 한쪽에선 맹독을 품은 독사가 똬리를 틀고는 감히 여기가 어디라고 허락도 없이 오느냐는 듯 어리석은 나그네를 보고 날름날름 혀를 내밀고 있었다. 어리석은 중생은 그대로 넋이 빠진 채 힘없이 사방을 둘러봤다.

칡넝쿨과 가시넝쿨이 겹겹이 둘러싼 고립무원의 원시 세계였

다. 방금 들어온 가시넝쿨 터널로 다시 빠져나갈 수 있을지 머리를 밀어 넣어봤다. 몸뚱이가 옴짝하지 못할 정도로 비좁은 공간이었다. 내 몰골을 훑어봤다. 천만다행으로 등산화를 신고 긴 바지에 긴 윗옷을 입고, 날카로운 창이자 몽둥이로 쓸 수 있는 스틱이 양손에 쥐어져 있었다.

  순간 나도 모르는 힘이 어디서 나왔는지 강한 자신감이 샘솟았다. 그렇다. 지금 어떤 짐승이나 악마가 나타나더라도 한방에 때려잡을 이 무기가 내 양손에 쥐어져 있지 않은가 말이다. 팔을 뻗어 긴 스틱을 독사를 향해 힘차게 겨눴다. 그제야 독사가 바위 뒤로 급하게 숨는다. 내친김에 스틱으로 뱀이 숨은 바위를 강하게 내리쳤다. 상황이 역전되자 독사가 꼬리를 내리고 줄행랑을 쳤다. 나는 스틱을 휘둘러 칡넝쿨 가시덤불을 내려치면서 그렇게 한발 한발 온 힘을 다해 걸음아 날 살리라며 원시림을 빠져나왔다.

여름 141

생각만 해도 모골이 송연한 순간

산 능선을 타고 내려오면서 퍼뜩 이런 생각이 들었다. 참으로 절체절명의 순간이었다. 만약 내가 슬리퍼에 반바지, 반 팔 티셔츠만 입은 상태에서 이 스틱조차 없었다면 어떻게 됐을까? 아찔한 생각에 온몸이 떨려왔다. 아마도 내 몸은 공포와 겁에 질려 그 자리에 그대로 얼어붙었을 것이다.

조금 전 본 하얀 새의 사체가 계속 아른거리고 독사가 혀를 날름거리며 나를 응시하던 모습이 머릿속에서 잊히지 않았다. 그 독사가 나를 공격하기라도 했다면 나는 겁을 먹고 맥없이 주저앉아 물리고 말았을 수도 있다. 아니면 초인적 용기를 발휘해 독사를 물리쳤을 수도 있다. 어찌 됐건 이런 돌발 상황은 사람이 순간적으로 갖게 되는 마음가짐이 얼마나 중요한지 깨닫게 했다. 그리고 준비 없는 등산과 경거망동이 얼마나 큰 화를 부를 수 있는지, 내가 오늘 얼마나 어리석은 행동을 했는지 돌아보게 했다.

스틱을 이토록 고맙다고 느낀 건 처음

오늘 우리는 경기도 가평군 연인산(1068m)과 칼봉(909m), 매봉(929m) 등 여러 봉우리들의 깊은 계곡을 탐험 중이었다. 연인산의 용추계곡은 경기도 최고의 계곡 중 하나로 손꼽힐 정도로 수량이 풍부한 데다가 절경을 뽐 낸다.

 칼봉은 명지산 남쪽 능선에 솟은 매봉의 동쪽 봉우리 중 가장 높다. 주 능선이 칼날처럼 날카로 워 칼봉이다. 계곡 입구 의 용추폭포와 골짜기 안의 수락폭포가 특히 빼어나다.

 연인산과 칼봉은 높고 깊은 산이어서 자칫 길을 잃으면 울창한 숲속에서 뱀이나 멧돼지를 만날 수 있다고 한다. 그래서 우리는 처음 계획했던 계곡 코스로만 등반하기로 하고, 똘똘 뭉쳐 백패킹으로 산행을 했다. 힘찬 연어처럼 야생의 물살을 거슬러 오르면서 때론 계곡물에 미끄러지는 곡예를 하면서도 장애물을 하나하나 넘어가며 정복하는 그 쾌감은 여름날 백패킹에서만 느낄 수 있는 최고 쾌감이다.

 하지만 어느새 백팩킹의 짜릿함과 황홀경에 너무 젖어 버렸을까? 무언가에 홀린 듯 우리 다섯 명의 대원은 지름길로 빨리 가려는 욕심에 그만 목적지와 방향이 다른 계곡으로 들어서고 말았다. 나는 오늘 등산의 정상부인 수락폭포에 먼저 도착해 멋진 사진을

많이 찍으려는 욕심에 그만 뒤도 돌아보지 않고 앞만 보고 내달렸다가 야생의 위험에 깊숙이 몸을 내던지고 말았다.

오늘의 모골이 송연한 체험으로 산을 얕잡아보고 방심하면 언제든 길을 잃거나 위태로워질 수 있다는 것을 뼈저리게 실감했다. 그래서 등산 장비를 철저히 준비해야 한다는 것, 특히 스틱을 잘 챙겨야 한다는 것을 몸으로 깨달았다. 그리고 등산할 때는 안전화와 생수, 비상식량을 반드시 챙겨야 한다는 것도 가슴 깊이 새기게 됐다.

나의 사랑하는 등반 동무들

　정신을 차리고 휴대폰을 열어보니 위험한 지경을 빠져나와 상념에 젖은 시간이 아주 긴 것 같았는데, 겨우 1시간 정도 지났을 뿐이었다. 안전한 등산로로 접어들자 동료들에게 나의 무사함을 알리는 것이 급선무임을 깨닫고 잰걸음으로 수락폭포로 달려갔다.

　이미 수락폭포를 감상하고 식사까지 마친 동료들은 나를 보고는 나머지 네 사람은 어디 두고 혼자만 오느냐고 타박했다. 눈앞이 캄캄해졌다. 혹시 나머지 네 사람도 그 죽음의 계곡에서 나처럼 헤매고 있는 것이 아닐까?

　그때 전화를 걸어와 내 생존을 확인한 총무가 감격스러워했다. 사정을 들어보니 나와 함께 방향을 잡은 네 사람은 금방 길을 잘못 들어섰다는 것을 알아차리고 나를 불렀다고 한다. 나는 부르는 소리를 못 듣고 혼자서 직진하다가 그 낭패를 당한 것이다. 네 명은 그 멋진 수락폭포도 보지 못한 채 계곡 아래에서 애타게 나를 기다렸다고 한다. 그 마음들이 고마워서 눈물이 났다.

　동료들이 남겨둔 점심과 막걸리를 게 눈 감추듯 맛있게 먹고, 우여곡절 끝에 수락폭포 아래 섰다. 경반천과 경반리를 거쳐 보납산 부근에서 가평천과 합류하기 위해 약 5km를 달린 계곡물이 곳곳에 소를 이루었다.

　수락폭포는 한마디로 굉장했다. 폭포를 이루는 물줄기 높이가 33m에 이르는데, 굉음을 내며 떨어지는 모습이 장관이었다. 폭포 아래에서 위를 올려다보니 하늘로 뚫린 듯한 바위굴 같은 골짜기가 산 정상까지 이어져 있다. 그렇구나! 이 멋진 폭포가 내 마음 속에서 영원히 지워지지 않으려고 오늘 그 살 떨리도록 아찔한 순간이 있었구나.

하산한 우리는 감자탕집에서 모여 6시간에 걸친 오늘의 등반을 자축하며 회포를 풀었다. 어쩌면 우리를 위기에서 구해줄 진정한 인생의 스틱은 언제나 따듯한 정으로 통하는 든든한 산악회 식구들이 아닐까, 생각했다.

집에 오자마자 깊은 잠에 빠졌다. 다음 날 아침에 일어나 내 몸을 살펴보니 손발이 갈라 터지고 여기저기 긁히고 성한 구석이 없었다. 사지에서 벗어나려고 내 몸이 이리도 애를 썼구나, 짠한 생각이 들었다. 내 몸아! 참 고생했다. 고맙다!

오늘 하루
나도 신선이 되어 보고 싶은 산

삼척 덕항산 환선굴, 세월이 빚은 예술

오랜 세월에 걸쳐 풍파와 작은 물방울이 거대한 석회암 바위를 깎고 파고 뚫어 마침내 구멍이 나고, 바위에 갇힌 물이 약하고 얕은 곳으로 길을 내 웅장한 폭포가 흐르고, 오랜 풍화작용으로 세월의 흔적과 이끼가 쌓이고 쌓여 이 아름다운 큰 굴이 만들어졌을 것이다.

덕항산 정상에서 환선굴 가는 길

새벽 6시 50분, 서울 사당역을 출발한 버스가 고속도로를 포기하고 꼬불꼬불 산길로 들어섰다. 지름길이라서 거리로는 50km를 줄였는데, 첩첩산중이라 속도를 내지 못해 예정 시간보다 50분이나 늦은 오전 11시에 삼척 덕항산德項山 입구에 도착했다.

그 덕분에 말로만 듣던 고랭지 배추밭을 직접 보게 되었다. 차창 너머 산 중턱에 고랭지 배추가 오와 열을 맞춰 노랗게 속이 들어가고 있었다. 이런 배추밭을 보자니 문득 할아버지 생각이 났다. 할아버지는 생전에 나를 유난히 귀애하셨다.

일제강점기. 큰할아버지가 큰 재산이 걸린 민사재판에서 뛰어난 변론으로 실세 일본인을 이긴 일이 있었다. 큰 재산을 잃은 일본인의 보복으로 생명의 위협을 느낀 큰할아버지는 만주로 급히 피신해야 했다. 그 바람에 가문이 몰락해 뿔뿔이 흩어졌다. 식솔

을 이끌고 장성 백양산 자락의 산골 마을로 숨어든 할아버지는 임야를 개간하여 가족을 건사했다. 황무지를 개간하여 밭을 일구는 일은 뼛골이 빠지는 중노동이다. 그 수고스러움을 너무나 잘 알기에 어릴 적 사무친 옛 산골 생활의 기억이 생생하다. 이제 그 고향의 밭은 일굴 사람이 없어 묵정밭이 되었다가 오래전에 산으로 돌아갔다. 지금 내 눈앞의 고랭지 배추밭은 장관이다. 새삼 할아버지의 피땀 어린 고향의 그 밭이 그리워졌다.

삼척 덕항산은 1071m나 되는 높은 산임에도 불구하고 서쪽으로는 완만한 구릉지여서 800m 고지까지 차로 오를 수 있다. 여기서 정상까지는 걸어서 채 2시간도 안 걸린다. 정상에 이르면 안내 표지 하나 없이 '1071m 정상'이라고만 쓰여 있다. 주요 길목마다 안내 표지판이 없어 아쉬웠다.

일행을 잠시 뒤로 하고, 환선굴을 만나기 위해 발걸음을 재촉했다. 하지만 등산 베테랑들과 헤어지면서, 늙고 연약한 나는 혼자서는 절대 안전하게 하산할 수 없음을 곧바로 직감했다. 다행히도 몇 걸음 앞에서 지도를 보고 휴대폰으로 GPS 방향을 잡는 경험 많고 지혜로운 대장 코끼리를 발견할 수 있었다. 그래서 염치 접어두고 나의 산행 대장이 돼달라고 간청했다. 그렇게 함께 하산을 시작했다.

과연 해발 1071m 높이는 장난이 아니었다. 환선굴로 내려가는 동쪽 방향 하산 길은 급경사 바윗길로, 가도 가도 끝이 없다. 그래도 함께하는 산행 대장이 있어서 무사히 내려왔다.

신이 빚은 작품, 환선굴

우여곡절 끝에 도착한 환선굴幻仙窟은 어느 동굴도 견줄 수 없을 만큼 환상적이다. 필설로 형언할 수 없을 정도다.

5억 4000만 년 전 시생대始生代에 이곳은 바다였다가 지구의 순환과 지각 변동으로 육지가 되었다. 물에 잘 녹는 석회암의 성질 때문에 큰 동굴이 생겼는데, 길이가 무려 6km 이상이다. 아직 개척하지 못한 구간이 많아 현재 탐방이 가능한 구간은 1.6km에 불과하다.

지금 보기에는 여기가 해발 700m의 산 중턱이니 먼 옛날 바다였다는 사실이 조금도 믿기지 않는다.

　오랜 세월에 걸쳐 풍파와 작은 물방울이 거대한 석회암 바위를 깎고 파고 뚫어 마침내 구멍이 나고, 바위에 갇힌 물이 약하고 얕은 곳으로 길을 내 웅장한 폭포가 흐르고, 오랜 풍화작용으로 세월의 흔적과 이끼가 쌓이고 쌓여 이 아름다운 큰 굴이 만들어졌을 것이다.

　옛날에 어느 도인이 이 동굴 안으로 수행하러 들어가서 나오지 않자 사람들은 도인이 신선이 되어 승천했을 것으로 여기고 이 동굴을 환선굴이라고 불렀다. 실제로도 도인이 쓰던 것으로 추정되는 집터와 아궁이, 절구 등이 남아 있다.

아름답게 저무는, 영원히 잊지 못할 하루

군산 선유도 대장봉에서 돌아보는 인생

상념에서 깨어나 눈앞의 선유도를 하염없이 바라보았다. 대자연을 바라보면 선문답 같으나마 뭔가를 느끼게 된다. 이런 맛에 자연을 찾는다. '선유도의 유래'에 눈길이 멈춘다. 섬 안에 솟은 봉우리가 마치 신선이 마주 앉아 바둑을 두는 모양이라서 생긴 이름이라고 한다.

선유도에서 묻다, 나는 누구인가?

경기 불황이 오면 특히 건설업종의 어려움이 가중된다. 내 친구는 어려울수록 힘을 내고 단합해야 한다며, 본인 회사의 단합대회 겸 야유회에 나와 몇몇 지인을 초대했다. 그 덕분에 군산 고군산군도와 선유도 대장봉을 가보게 되었다. 참으로 고마운 일이다.

아침에 서울을 떠난 버스가 오전 10시 30분쯤에 군산 선유도 바닷가 마을에 멈춰 섰다. 저 멀리 대장봉이 중세 유럽의 성벽처럼 우뚝 솟아있다. 구름에 둘러싸인 모습이 마치 하얀 옷을 입고 하늘하늘 고운 자태를 뽐내는 듯 경이롭고 신비로웠다.

해발 142m의 대장봉은 높이로만 보면 야트막한 야산에 불과하지만, 막상 오르려 하니 만만치 않다. 이글거리는 태양, 아찔한 벼랑, 굽이 도는 오솔길…. 한여름 등산은 땀이 온몸을 적시고 한바탕 깔딱 숨을 쉬고 난 뒤에야 정상에 도달할 수 있다.

뭉게구름이 몽실몽실 흐르는 새파란 하늘 아래 펼쳐진 눈앞의

풍경은 실로 장관이다. 어깨를 걸고 늘어선 크고 작은 섬들, 파도에 한들거리는 고깃배들, 무료함을 참지 못하고 그만 잠이 든 성싶은 녹색 등대, 선녀들이 아름다운 날개를 펼쳐놓은 것 같은 선유도의 하얀 백사장, 공작새 날개 모양의 선유도 다리, 코발트를 뿌려놓은 듯 새파란 바닷물…. 넋을 놓고 있는데 살랑대던 미풍이 메마른 내 가슴에 바다를 몰아다 파도친다. 그 순간, 지나온 날들이 주마등처럼 스쳐 간다. 나는 이내 상념의 바닷속으로 빠지고 만다.

나는 누구인가? 지금까지 나는 그 누군가가 이미 만들어놓고 규정해놓은 의무와 책임, 도덕과 규율과 신념에 갇혀서 그저 세상이 원하는 명예와 부를 이루기 위해 휘청거리며 살아왔다는 생각이 들었다. 그것들을 만고의 진리로 여기고, 그 길을 향해 부지런하게 살아야만 행복이라는 파랑새를 만나고 부자가 된다고 철석같이 믿으며 살았다.

하지만 그 때문에 잃어버린 것도 많다. 내 의지와 상관없는 그것들을 이루기 위해 밤낮없이 일하고 인내하고 사느라 때로는 사랑하는 사람을 떠나보내야 했고, 때로는 정의와 우정을 배반하기도 했다. 나는 누구를 위해, 무엇을 위해, 그렇게 앞만 보며 살아왔던가? 내일이면 잡힐 듯 잡힐 듯하던 성공과 행복은 막상 그날이 되면 언제나 또다시 내일로 미뤄지기만 했다. 내 나이, 귀가 순해져 어떤 소리라도 들린다는 이순耳順이다. 나는 언제쯤 나만의 순수한 것들을 추구하며 살 수 있을까?

나는 얼마나 웃고 살까?

후회가 남는다. 성철 스님 말씀마따나 "산은 산이요, 물은 물인" 것인데 지금껏 내 인생에서 "나는 나"라고 할 무엇이 하나도 없다. 남들이 만들어놓은 성공과 행복의 가치 기준에 갇히지 않고 내가 내 삶의 주인으로 나답게 살았어야 했다. 그것이 진정한 성공이요 행복 아니겠는가.

행복이라는 파랑새는 내일 가질 수 있는 게 아니다. 바로 지금 내 마음속에 행복이, 천국이 있는 것이다. 내가 지금 어떻게 세상

을 바라보고 생각하느냐에 달렸다. 그러니 오늘을, 지금 주어진 시간을 더 소중히 살아야 한다.

영국의 일간지 《더 선》이 인간의 평균 수명을 80세로 봤을 때 일생 어떤 일을 얼마나 소비하며 사는지에 대한 연구 조사 자료를 발표했다. 그 결과에 따르면 인생 80년은 총 2만 9200일, 70만 800시간에 해당한다.

이 가운데 일하며 보내는 시간이 26년, 잠자는 시간이 25년, TV 보며 보내는 시간이 10년이었다. 그다음으로 먹는 시간이 6년, 전화 통화 시간이 4년, 화장실 가는 시간이 3년, 부엌에서 보내는 시간이 남자는 1년 3개월, 여자는 2년 5개월이었다.

나머지 자투리 시간은 기다리는 시간이 2년, 화내는 시간이 2년,

이성을 생각하는 시간이 남자는 1년, 여자는 0.5년, 몸단장하는 시간이 남자는 46일, 여자는 136일, 웃는 시간이 88일로 나타났다.

영국인을 대상으로 한 조사이긴 하지만 정말 허망하고 별 것 없는 인생이다. 대부분이 생존을 위한 시간으로 소비된다. 순전히 내가 행복하여 웃는 시간은 겨우 88일로, 80년 인생의 0.003%에 불과하다. 그러니 지금이라도 기회만 있으면 웃으며 살고, 행복하게 살아야 한다.

"현재라는 시간만이 나 자신이 소유한 유일한 시간"이라는, 아우구스티누스의 말에 새삼 고개가 끄덕여진다.

"과거는 이미 지나갔기 때문에 나에게 주어진 시간이 아니다. 내일은 아직 내 앞에 오지 않았기에 내 시간이 아니다. 오늘만이 내 시간이다. 오늘을 소중하고 새롭게 선용하는 사람이 성공하게 된다."

선유도에서 찾은 동심

상념에서 깨어나 눈앞의 선유도를 하염없이 바라보았다. 대자연을 바라보면 선문답 같으나마 뭔가를 느끼게 된다. 이런 맛에 자연을 찾는다.

선유도의 유래에 눈길이 머문다. 섬 안에 솟은 봉우리가 마치 신선이 마주 앉아 바둑을 두는 모양이라서 생긴 이름이라고 한다.

선유도仙遊島는 전북 군산 앞바다 고군산군도의 가운데에 자리한다. 2017년 8.77km의 무녀도와 장자도, 대장도를 다리로 연결했으니 한 몸이나 진배없다. 고군산군도는 군산과 변산반도 사이 서해에 자리한다. 16개의 유인도와 47개의 무인도가 흩뿌려져 있다. 그중 선유도는 덩치로는 셋째지만 그 수려한 경관과 함께 발달한 항구 덕분에 예로부터 고군산군도의 중심이 되었다.

역사적으로도 고려 시대 때 선유도를 찾은 송나라 사신 서긍이 《고려도경》에 당시 사신들을 맞이하던 군산정과 연락선 역할을 하던 송방 등에 대해 적은 기록이 있다. 이곳이 무역항이자 군사적 요충지였음을 보여주는 대목이다.

조선 시대에 선유도에 수군 본부(군산진)가 들어선 것도 같은 맥락일 것이다. 왜구들이 군산진을 피해 연안으로 침입하자 조선 수군 진영은 육지의 진포(지금의 군산)로 자리를 옮겼다. 이때 군산이라는 이름

까지 가져갔기 때문에 원래의 군산은 옛 고古가 더해져 '고군산'이 되었다.

선유도에서 첫손가락에 꼽히는 풍광은 낙조다. 특히 명사십리에서 바라보는 풍경은 기가 막히게 아름답다고 한다. 태양이 녹아드는 듯 붉게 물든 고군산군도 사이로 영원히 잊지 못할 하루하루가 저물어갈 것이다. 내 인생의 후반부도 그렇게 아름답게 물들며 저물었으면 좋겠다.

선유도에는 우리 일행 외에도 관광객이 많았다. 청춘남녀 한 쌍이 모래 위에 사랑의 하트를 그려놓고, 어릴 적 땅따먹기 놀이를 하고 있다. 부럽기도 하고 예뻐서 사진에 담았다. 빨간 원피스를 입은 금발의 아가씨가 혼자서 백사장을 걷고 있다. 너무 낭만적이어서 멀리서 찰칵 사진을 찍었다.

나도, 친구도 장난기가 발동했다. 서로 찰랑찰랑 물장구를 치다가 백사장 위로 힘껏 뛰어올랐다. 그 순간 모든 근심 걱정이 사라지고 한바탕 환희의 전율이 온몸을 감쌌다. 저절로 함박웃음이 터져 나왔다. 우리는 그렇게 동심으로 돌아가 진한 우정을 맛봤다. 마음이 넓은 멋진 친구가 있어 정말 오늘을 마음껏 즐겼다. 고맙기 그지없다. 친구 회사의 발전과 직원들의 건강과 행복을 진심으로 기원한다.

행주치마는 행주산성의 그 행주가 아니다

고양 덕양산 행주산성에서 만난 인화의 리더십

예전에 이곳은 살구나무가 많아 살구나무골로 불렸다고 한다. 그래서 행주幸州가 된 것이다. 행주 기씨幸州 奇氏의 시조가 이곳 덕양산 바위 위에서 태어났다는 설화가 있다. 행주 기씨는 행주 일대에서 대대로 살아왔는데, 고려 시대에 공녀로 끌려가 원나라의 황후가 된 기황후도 이 지역 출신이라고 한다.

인화人和로 거둔 승리, 행주대첩

 1593년 2월 12일 새벽 3만여 명의 왜군이 고양 덕양산(125m) 행주산성을 겹겹이 에워쌌다. 방어에 나선 2300여 조선 군사들은 성벽 위에서 화살과 신기전, 현자총통을 쏘아대며 응전했다. 성안에 있던 백성들도 돌덩이를 던지고 뜨거운 물을 성벽 아래로 쏟아부으며 죽기를 각오하고 싸웠다. 그렇게 아침부터 저녁까지 세 차례 일진일퇴의 혈전이 벌어졌다.
 왜군은 정공법으로는 행주산성을 쉽게 뚫을 수 없다고 봤는지 주변 산에서 갈대를 가져다 묶은 뒤 불을 질렀다. 불은 삽시간에 목책까지 활활 타올랐지만, 성안에 있는 남녀노소 모두 혼연일체 합심해 불을 끄는 데 성공한다. 그 혼란한 틈을 타 승군이 지키고 있던 산성 서북쪽으로 왜군이 밀고 들어오자 성 안은 삽시간에 아비규환 아수라장이 돼버린다.
 그 절체절명의 상황에서 권율 장군이 나섰다. 허리에 찬 긴 칼을 뽑아들고 번개같이 선두로 나서 왜군의 목을 추풍낙엽처럼 날려버리니 조선군의 사기는 다시 하늘을 찌를 듯 올라갔다. 장졸이 똘똘 뭉쳐 죽기로 싸우는 조선군의 서슬에 목이 댕강댕강 잘려나가자 왜군은 퇴각하기 시작한다. 딱 하루 동안 벌어진 이날 전투로 왜군은 무려 1만여 명의 사상자를 냈다. 조선군은 수백 명의 사상자를 내는 데 그쳤다. 권율 장군은 행주산성 지역이 협소해 오래 끌다가는 자칫 봉쇄될 위협이 있었기에 왜군이 퇴각하자 곧바로 산성을 비우고 부대를 파주로 이동시켰다.

이날 행주산성 싸움으로 승기를 잡은 조선은 임진왜란 중에 한양을 수복하고 누란의 위기에서 나라를 지켜낼 수 있었다. 민병대 수준의 전투력으로, 왜군 정예병을 상대로 대승을 거둬 전쟁의 흐름을 완전히 뒤바꿔 버렸으니 기적에 가까운 승리였다. 세계 전쟁사에 길이 남을 대승을 거둔 이 전투가 바로 행주대첩이다. 한산대첩, 진주대첩과 함께 임진왜란 3대 대첩으로 꼽힌다.

행주대첩은 천시天時와 지리地理의 불리함을 극복하고 산성 내 민관군이 혼연일체가 된 인화人和로 거둔 승리다. 행주 전투를 승리로 이끈 권율 장군의 리더십은 인화의 리더십이라 할 만하다. "천시는 지리만 못하고 지리는 인화만 못하다"天時不如地理, 地理不如人和는 맹자의 통찰이 행주대첩에서 증명되었다고 할 것이다.

권율 장군의 내력

　여름 한날, 나는 행주산성 기념탑 앞에 섰다. 조형물에 담긴 역사 기록을 꼼꼼히 읽어내려갔다. 목숨을 건 전투로 성을 지킨 전사들이 내 가슴에 살아와 파도치기 시작했다. 무엇이 이 불리한 전투를 승리로 이끌었을까.

　첫째는 권율 장군의 뛰어난 전략 전술과 지도력, 둘째는 신기전과 현자총통 등 첨단 신무기 활용, 셋째는 혼연일체가 되어 싸운 민관군 단결력이 전투를 승리로 이끌었다고 평가한다. 새삼 권율 장군의 지도력이 존경스러워졌다.

　실제 권율 장군은 뛰어난 전략가였다. 1592년(선조 25년) 7월 8일대둔산 기슭 이치梨峙에서 왜적을 격멸한 권율은 12월 수원 독산성禿山城에서 다시 적을 물리친 뒤 한양 수복작전을 개시한다. 정병 2300명을 거느리고 한강을 건너 행주 덕양산德陽山 행주산성에 진을 치고 한양 수복을 노리고 있었다. 조선군 2300명에 왜군은 3만여 명으로, 중과부적의 싸움이기에 도저히 싸움이 안 된다고 판단한 권율은 삼국시대부터 토성이 축적돼 있고, 방어에 유리한 행주산성에 방어 진지를 구축한다. 뛰어난 판단력이 아닐 수 없다. 당시 왜군 장수 우키타 히데이에宇喜多秀家는 수적으로 열세인 조선군을 얕잡아보고는 고니시 유키나가小西行長, 이시다 미쓰나리石田三成, 구로다 나가마사黑田長政 등의 장수들과 함께 3만여 명의 병력을 앞세워 행주산성에 대한 총공격을 감행한다. 하지만 그 결과는 무참한 패배였다. 권율 장군의 지도력이 행주산성 전투에서 큰 역할을 했다는 것을 알 수 있다.

권율權慄(1537~1599년)은 46세 늦은 나이에 문과에 합격했지만, 능력이 탁월해 바로 당상관으로 승진한 뒤 전라도 순찰사, 조선군 총사령관(도원수)까지 오른다. 어진 가문의 전통에 따라 인격과 학문이 깊었고, 사람들을 통솔할 때는 온화하고 사랑으로 대했다. 자기 욕심만 채우지 않고 남을 배려했기 때문에 사람들이 위급한 때를 당해서도 권율 장군을 따라 목숨을 바쳐 힘껏 싸웠다.

장군의 탁월한 리더십에 마음이 숙연해지면서 과연 내가 그 시대에 살았다면, 어떻게 했을까? 나 자신을 깊이 생각해보는 시간이 되었다.

행주산성에서 눈에 담는 풍경

행주산성 정상에 오랫동안 서서 눈앞의 풍경을 바라봤다. 더없이 맑은 하늘과 초록으로 뒤덮인 대자연이 내 앞에 있었다. 세상이 아름답고 평온해 보였다. 참으로 이 땅을 지켜낸 조상들에게 감사하다. 이 아름다운 금수강산이 다시는 외세에 짓밟히지 않게 해야겠다는 생각에 나도 모르게 두 주먹이 불끈 쥐어졌다.

유심히 살펴보니 행주산성이 있는 덕양산은 북한산과 함께 수도 서울의 전략적 요충지이자 천혜의 방어지였다. 북동쪽으로는 병풍처럼 북한산이 우뚝 솟아있고, 바로 앞에는 봉수대가 있었다는 개화산이 지척이다. 강변북로와 올림픽대로에서는 차들이 꼬리에 꼬리를 물고 이어졌다. 넓고 푸른 한강은 유유히 서해로 흘러가고 있었다. 남산과 안산, 인왕산, 관악산… 그리고 휘황찬란한 마천루의 고층빌딩들이 숲을 이루며 한눈에 들어왔다.

아름다운 대자연과 수도 서울을 마음에 담고 서쪽 방향 토성을 밟으며 하산하기 시작했다. 크지도 작지도 않은 아담한 크기의 나무들과 부드러운 토성길이 내 마음을 행복하게 만들었다. 특히 문화관광해설사가 들려주는 행주산성에 얽힌 비화들이 귀를 쫑긋 세우게 했다.

행주치마와 행주산성은 다른 행주

예전에 이곳은 살구나무가 많아 살구나무마을로 불렸다고 한다. 그래서 행주幸州가 된 것이다. 행주 기씨幸州 奇氏의 시조가 이곳 덕양산 바위 위에서 태어났다는 설화가 있다. 행주 기씨는 행주 일대에서 대대로 살아왔는데, 고려 시대에 공녀로 끌려가 원나라의 황후가 된 기황후도 이 지역 출신이라고 한다.

한편 '행주치마'가 임진왜란 때 행주대첩에서 유래했다는 설이 있는데, 후세 사람들이 지어낸 민간어원으로 그야말로 설일 뿐이다. 행주대첩 훨씬 이전의 기록에 이미 '행주치마'가 보이기 때문이다.

그때나 지금이나 '행주'는 그릇을 씻어서 깨끗하게 훔쳐내는 헝

겉으로, 행주치마는 부엌일을 할 때 치마를 더럽히지 않으려고 앞에 두르는 보조 치마다.

   집으로 돌아가는 길, 그날의 영광을 재현하듯 행주산성 정상 위에 보름달이 밝게 떴다. 깊은 달을 품은 한국의 〈달항아리〉는 세계적 걸작의 반열에 올라 값을 헤아릴 수 없게 되었다. 도자기에 표현한 한국미가 자연미를 완벽하게 재현했기 때문일 것이다. 그래서일까? 오늘 보는 보름달은 참으로 애잔하고 가슴 시리도록 곱다. 달빛에 스치며 흐르는 행주산성이 참 아름답다.

마음이 몸의 주인일까, 몸이 마음의 주인일까

속리산 종주, 나를 잃었다가 되찾은 하루

속리산俗離山. 그야말로 속세로부터 떠나온 산이다. 나는 하필 이런 속리산에서 속세에서 보다 더한 욕망에 이끌려 나를 잃고 말았으니, 산신령님이 노하고 부처님이 혀를 차실 만하다. 법주사 대웅전 부처님 전에 절하면서 참회하고 또 참회했다.

억지로 나선 산행길의 반전

월출산과 북한산 산행 이후 40여 일이 지나도록 숨쉬기 운동만 하며 지냈다.

술은, 여님 친우님들과의 돈독한 유대 관계를 위해 사흘에 한 번꼴로 마셔댔다. 산행 이틀 전에는 절친한 친구들과 폭탄주로 고주망태, 하루 전에는 식중독 증세로 배설 기구가 고장 났다.

게다가 보통 산행이 아니다. 1058m 고지에다 14km 종주이니, 오뉴월 뙤약볕에 적어도 8시간은 땀을 흘려야 할 터였다. 난생처음으로 좋아하는 산행길이 겁나서, 가지 못할 무슨 핑계가 생기면 좋겠다는 생각이 굴뚝 같았다.

하지만 그랬다가는 지금껏 쌓아온 나 자신과의 약속이 깨지고, 사나이 명예가 무안해질 게 뻔했다. 새벽 5시 30분, 무거운 발걸음으로 집을 나섰다.

그렇게 흔들리는 마음을 겨우 붙잡고 속리산행 버스를 탔는데,

내 옆 창가 쪽 자리에서 상큼한 향기가 전해왔다. 마스크 너머 스물댓 살로 보이는 단발머리 여인이 노란 재킷 차림을 하고 앉아 창밖을 내다보고 있는 게 아닌가.

오전 9시 45분, 마침내 속리산 입구에 다다라 등반이 시작될 참이다. 아침부터 푹푹 찌는 날씨, 후들거리는 다리···. 14km 종주에 영 자신이 서지 않아 나는 노란 재킷 아가씨, 그 아가씨의 일행인 60대 중반의 아주머니(이번 속리산 산행이 1년 6개월 만의 100대 명산 종주 완료 기념 산행이라고 했다)와 그 친구분까지 셋을 꼬드겨 대열의 맨 뒤로 처졌다.

나는 어느 순간부터 노란 재킷 뒤만 졸졸 따랐다. 가파른 산길 걸음걸음마다 그녀의 검은 바지 엉덩이에 앙증맞은 팬티 윤곽이 선명하게 드러났다.

어쩌다가 그녀 옆에 바짝 밀착해 서게 되면 뭐라 표현하기 어려운 풋풋한 향기가 내 오감을 강하게 자극했다. 그럴 때마다 내 심장은 큐피드의 화살에 꿰뚫린 듯 벌렁거렸다.

최악의 컨디션이 돌연 최상의 컨디션

으로 바뀌고, 배탈까지 싹 다 나은 기분이었다. 내 인생에 이런 반전이 있다니. 역시 막힌 길에서 운전할 때는 줄을 잘 서야 하고, 열차나 버스를 탈 때는 좌석을 잘 받아야 한다는 말이 진리다.

하필 속리산에서 속세의 욕망에 빠져

등산 시작 전까지 죽상이던 나는 언제 그랬냐는 듯 기운이 펄펄 살아 희희낙락했다. 환갑이 코앞인 늙다리가 막내딸 같은 아가씨의 환심을 사기 위해 고상한 척, 멋있는 척, 힘이 센 척하면서 갖은 아양을 다 떨었다. 그녀와 나 사이 끼어드는 모든 인간을 경계하고 미워하면서 발정난 수캐인 양 그녀의 어여쁜 엉덩이만 바라보고 따라다녔다. 그녀의 핸드폰으로 연신 사진도 찍어주고 이것저것 거들어 주면서 엉큼한 미소를 날리기에 바빴다.

그녀의 어여쁜 엉덩이 앞에서는 속리산 문장대의 절경도 눈에 들어오지 않았다. 내 눈에 드는 건 오로지 문장대의 절경을 보고 환하게 웃는 그녀의 아름다운 얼굴과 엉덩이뿐이었다. 그 순간 내게는 그녀가 곧 속리산이고 문장대의 절경이었다.

향기로운 그녀 앞에서는 삼라만상이 모두 한낱 장식일 뿐이었다. 그녀가 우주의 중심이고, 내 마음의 주인이었다. 장거리 등산이 예정된 날에는 휴게소에서 으레 밥이나 달걀 같은 주전부리를 사 오는데, 오늘따라 들른 휴게소가 너무 작아서인지 구운 빵과

달걀만 팔았다. 그래서 준비한 주전부리라곤 달랑 달걀 두 개가 전부였는데, 나는 그 달걀을 까서 먼저 그녀에게 주었다. 그러자 60 중반의 두 여인이 얼척이 없다는 듯이 나를 빤히 쳐다봤다.

  그런데 점심을 먹으면서 이야기를 나누다가 새로운 사실을 알게 되었다. 60대 중반의 두 여인은 노란 재킷 아가씨의 이웃으로, 6개월 전부터 등산을 함께하게 되었다고 했다. 그리고 노란 재킷의 아가씨는 스물댓 살이 아니고 서른아홉의 비혼주의자라는 것이다. 당황스러웠다. 요모조모 아무리 뜯어보아도 그녀는 도무지 30대 후반의 나이라고는 믿기지 않았다. 내 눈에는 여전히 스물댓 살, 한 떨기 싱그러운 앵두 아가씨였다.

  그녀의 나이가 마흔이 코앞이라는 사실이 한편으로는 내심 반갑기도 했다. 그만큼 나하고 나이 차이가 줄어든 때문이다. 혼자서 달콤한 망상의 나래를 펼친 것이다. 어, 나하고 스무 살 차이도 안 나네… 그래서 뭐? 하면서도 입가에 삐질삐질 웃음이 비어져 나왔다. 이후로 엉큼한 마음이 더욱 자라서 그녀 꽁무니만 졸졸 따라다니며 친절을 가장한 추파를 던지기에 바빴다. 속리산 정상 천왕봉에 올라 하산 길까지 줄곧 그녀 곁을 사수하면서 사진도 찍어주고 이런저런 얘기를 나누면서 에스코트를 자청했다.

몸에서 멀어지자 마음에서도 멀어져

산 중간쯤 내려왔을까. 나의 그런 꼴불견을 보다 못한 산행 대장이 나를 다른 길로 끌고 내려와 그녀로부터 떼어놓았다. 졸지에 생이별을 당한 나는 낙심하여 산행 대장이 원망스러웠다.

그런데 신기하게도 그녀가 눈에서 멀어지자 내내 내 마음을 붙잡던 그녀도 차츰 내 머릿속에서 지워졌다. 환영이 사라지자 그제야 속리산의 풍광이 내 눈에 온전히 들어왔다. 이래서 몸이 멀어지면 자연히 마음도 멀어진다고 한 것인가 싶었다.

그 옛날 조선의 사상가들이 마음이 몸의 주인인가, 몸이 마음의 주인인가를 놓고 왜 그토록 치열하게 싸웠는지 알 것 같았다.

종일 아가씨 꽁무니만 바라보며 침만 흘리다가 아름다운 속리산 종주 산행을 마칠 뻔했는데, 다행히 부처님이 산행 대장으로 현신하여 나를 구제하신 덕분에 제정신을 챙기게 되었다.

속리산俗離山. 그야말로 속세로부터 떠나온 산이다. 나는 하필 이런 속리산에서 속세에서보다 더한 욕망에 이끌려 나를 잃고 말 았으니, 산신령님이 노하고 부처님이 혀를 차실 만하다.

법주사 대웅전 부처님 전에 절하면서 참회하고 또 참회했다.

어쩌면 우리 인생사는 풍족한 돈, 좋은 아파트, 멋진 한 남자, 어여쁜 한 여자… 눈앞의 미혹에 빠져 진짜 중요한 것은 보지 못 하고 망상의 늪에서 허우적대다가 저세상으로 가는 건 아닐까?

종일 내 눈을 사로잡은 아가씨의 어여쁜 엉덩이도 지나고 보니 내 진실한 마음을 가리는 미혹이고 망상이다.

그래도 차 안에서 옷매무시를 여미고 화장을 고치는 그녀가 더 욱 예뻐 보이는 것은 어쩔 수 없는 수컷의 본능일까. 미혹인 줄 알 면서도 미혹에 나를 맡기고 싶은 마음은 나도 어쩌지 못하는 수컷 의 욕망일 것이다. 그것이 사랑이 아닌 것만은 분명하다.

그래서 나는 내 명함을 주고 연락처를 받을까 말까 망설이다 가 끝내는 단념한 채 가벼운 눈인사만 나누고 선선하게 헤어졌다. 600년을 살아오신 정이품 소나무 할아버지가 참 잘했다고 내 머 리를 쓰다듬으시며 미소 지으신다. 엉큼하게 시작된 나의 불순한 하루가 부처님 은덕을 입어 영롱한 추억으로 가슴에 남게 되었다.

▶ 속리산, 나의 등산로

🌲 주차장 - 상학봉 - 문장대 - 입석대 - 법주사 : 14km

깨복쟁이 친구들과 함께한 빛나는 '순수의 하루'

순천만에서 다시 만난 고향 친구들, 50년 그리움의 회포

드넓은 순천만 갈대밭을 가슴에 담은 뒤 우리는 전망대를 천천히 내려와 순천만이 바라다보이는 2층 카페에 앉았다. 다시 초등학교 시절로 돌아가 옛이야기와 세상 이야기로 웃음꽃을 피웠다.

50년 세월을 건너 다시 만난 그리운 친구들

전국 각지에 뿔뿔이 흩어져 저마다 기가 막히고 귀가 막히는 사연을 산더미처럼 쌓으며 정신없이 살다가, 아름답게 익어가는 나이인 환갑이 다 되어 깨복쟁이 친구들과 만나는 날.

50여 년 전, 장성 백암골 장성댐과 황룡강의 운치와 기를 듬뿍 받고 자랐던 그 코흘리개들이 순천시 황전면 죽창리 첩첩산중에 자리한 산장에 하나둘씩 모여들었다. 나 역시 그 옛날 한 떨기 수선화처럼 수수하던 그 깨복쟁이 친구들이 보고 싶어서, 이야기보따리를 한 가슴 가득 싸 들고 먼 길을 달려갔다.

감나무, 밤나무, 배나무 같은 아름드리 과실수가 병풍을 두르고 봄꽃에 이어 여름꽃이 꽃 대궐을 이룬 그림 같은 집에 도착하자 파란 잔디 위에 삼겹살이 지글지글 노릇노릇 성대한 만찬이 기다리고 있었다. 밤하늘엔 은은하게 달빛이 비치고 계곡의 시냇물은 졸졸졸 앙상블의 세레나데를 부르는데, 타오르는 모닥불은 허물없이 만난 친구들의 마음을 따뜻하게 데워주고 있었다.

어린 시절 옛이야기로 자리가 무르익어가자 50여 년 세월을 거슬러 너도나도 어릴 적 그 얼굴로 되살아났다. 이 순간만큼은 으리으리한 건물에 고뇌에 찬 회장님도, 소를 키우는 목동도, 식당의 사모님도, 물건 파는 사장님도, 하루하루 눈칫밥으로 사는 샐러리맨도, 시장터 아줌마와 아저씨도, 그 누구의 아버지, 어머니, 할머니, 할아버지라는 명색을 다 벗어 던지고 코흘리개 동심으로 돌아가 어깨동무를 하고 엉덩이로 자기 이름을 쓰고, 노래를 부르고 춤을 췄다.

신기하게도 이 순간만큼은 마음만 이팔청춘이 아니라 시들어가는 육체도 젊은 청춘처럼 다 새파래지는 듯했다.

그때 그 추억, 웃음나거나 눈물나거나 설레거나

누가 봐도 순수하고 여리여리한 순이가 자기 마을을 못 지나가게 길목을 잡고 텃세를 부렸다는 이야기를 듣고는 어느새 아련한 초등학교 시절 앙증맞은 순이의 얼굴을 떠올렸다. 소풍 가서 장기자랑을 하던 때 구슬픈 목소리로 〈울어라 기타줄아〉를 부르던 그 모습. 운동회 때 청군, 백군으로 나뉘어 목청껏 "청군, 이겨라!" "백군, 이겨라!"를 외쳐대고는 달리기하다 넘어져 온몸으로 결승선에 골인하던 모습.

저 멀리 구산마을 구심재 높은 산에 올라 바위옷 이끼를 따오면서 힘들어하던 얼굴. 4학년 고고한 악바리 임옥란 담임선생님에게 수업 종이 울렸는데도 일부러 늦게 들어왔다고 뒤지게 매 맞던 모습. 엄격하고 무서웠던 2학년 오현석 담임선생님은 본인의 친딸이 숙제 안 하고 까분다고 눈보라 치는 한겨울에 운동장 연설대 위에 무릎을 꿇리고 손을 번쩍 들게 하는 벌을 줬다.

하굣길에 하천을 따라 집에 가면서 물고기 잡고 동무들과 낫치기 하고 멱을 감다 세 번이나 물에 빠져 죽다 살아났던 추억 속 그 무시무시한 장면들도 생각났다.

초등학교 5, 6학년 때는 남중이랑 많은 이야기를 나누며 신작로를 함께 걸었다. 술고래 양용해 담임선생님과 황룡강 뚝방길을 걸으며 조개를 잡던 기억. 장마철에 비가 많이 오면 황룡강은 금방이라도 넘칠 듯 넘실대곤 했다. 학교 갔다가 집에 돌아가는 길에 쉬어가는 정거장인 승만이 집에서 삼년고개 놀이와 닭싸움을 하던, 풋풋하고 씩씩한 개구쟁이 때 그 모습도 어제 일처럼 떠올랐다. 열두 번째 내 생일날 공을 차는데 골키퍼를 보다가 축구화에 눈을 얻어맞아 눈두덩이 시퍼렇게 멍들었던 그 모습까지….

어느 해였을까. 학교 앞 고속도로 터널 아래 물이 가득 찼던 장마철. 예쁜 여학생을 등에 업고 건너던 그때, 생전 느껴보지 못한 야릇한 향기와 가슴 설렘도 잊을 수 없다. 그렇게 추억을 헤매다가 어느새 비몽사몽 잠이 들었던 모양이다. 나중에 깨어나 물어보니 노래하고 춤추며 밤을 하얗게 새운 친구들도 있었다. 그래, 그렇게 그날 친구들은 인생에서 또 하나의 추억을 차곡차곡 쌓았을 것이다.

못내 이별이 아쉬워 붙잡은 시간

이튿날 아침 8시, 우리는 세계적인 명소가 된 순천만국가정원을 찾았다. 세계 각국의 다채로운 정원이 한데 모여 빚어내는 이국적인 멋이 순천만의 아름다운 자연과 어우러져 절정의 풍광을 보여주었다.

시간 가는 줄 모르고 세계 정원의 풍취를 만끽하던 우리에게 작별의 순간이 다가왔다. 점심으로 메기탕을 맛있게 먹은 우리는 먼 거리까지 운전할 생각에 하나둘 이별을 고할 수밖에 없었다. 만남이 있으면 이별이 있는 게 세상 이치라고 하지만, 이렇게 오랜만에 만난 그리운 친구들과 더 시간을 보낼 수는 없는 것일까? 아쉽고 또 아쉬웠다.

나는 순천 인근에 사는 몇몇 친구들을 꼬드겨 순천만 넓은 갈대밭을 가로질러 습지 끝에 자리 잡은 용산 전망대에 올랐다. 용산은 순천만 자연생태공원 동쪽에 있는 높이 77m의 야산으로, 용이 순천 도심을 향하고 있는 모습과 같다고 하여 용산龍山으로 불리는데, 마을 사람들은 옛날부터 '용머리산'이라고 불렀다.

전해오는 이야기에 따르면, 순천 도심을 에워싸고 있는 다섯 마

리 용 중 한 마리가 여수 여자만汝自灣으로 빠져나가자 그 용을 다시 돌아오게 하려고 조례저수지를 조성했다. 이에 여자만으로 빠져나가던 용이 도심을 향해 되돌아오는 길에 순천만의 경치가 하도 아름다워 지금의 용산 자리에 머물렀는데, 용의 머리가 도심을 향하고 있었다.

행복은 내 안에 있음을 가르쳐준 숙이 친구

용산을 오르며 어릴 적부터 속이 깊어 친구라기보다 누이 같은 숙이 친구가 들려준 잔잔한 인생 이야기가 감동을 줬다.

시부모님을 처음 뵙는 자리였다. "참, 네가 교양 있고 어질구나… 내 딸이 되어줄래." 하는 그 한마디에 숙이는 모든 것을 포기하고 결혼을 결심했다.

숙이는 일곱 살에 어머니가 돌아가시자 세 살 난 남동생을 돌보며 넉넉하지 못한 살림을 꾸리게 되면서 초등학교 입학이 늦어졌다. 하지만 그럴수록 더 꿋꿋하게 이겨내며 주경야독에 정진해 학문과 교양이 남달랐는데, 안목이 높은 예비 시어머니가 단번에 그것을 알아본 것이다.

그렇게 시어머니와 마음이 맞아 평생을 며느리가 아닌 딸로서 친하게 지냈지만 숙이도 사람인지라 이상과 꿈과 목표가 다른 남편과는 갈등도 겪었다. 하지만 지극정성 어르신을 돌보고 신앙심으로 그 어려움을 다 극복해 지금은 아들딸 시집 장가 잘 보내고 행복하게, 자유롭게 살고 있다며 엷은 미소를 띤다. 해탈한 부처님 미소가 저럴까, 사랑을 설파하는 예수님 미소가 저럴까.

순천만 9경을 꼽으며 펼치는 갈대인생론

그렇게 오순도순 정겹게 이야기를 나누다 보니 어느덧 용산 꼭대기 전망대였다. 눈앞에 드넓은 순천만 갈대밭이 가없이 펼쳐졌다. 절경 중의 절경이라는 순천만 9경의 한 자락이다.

순천만 제1경은 30리나 이어지는 갈대밭 길이다(제2경은 바다와 강이 만나는 S자 갯골, 제3경은 바다의 검은 속살 갯벌, 제4경은 원형의 갈대군락, 제5경은 대대 포구의 새벽안개, 제6경은 순천만 겨울 진객 흑두루미, 제7경은 와온 해변에서 보는 해넘이, 제8경은 화포 해변에서 보는 해돋이, 제9경은 순천만의 화려한 미소로 불리는 칠면초).

용산 전망대에서 바라보니 푸르른 남해가 넘실넘실 아득하게 펼쳐져 답답한 마음이 뻥 뚫린다. 고개를 15도쯤 돌리자 드넓은 순천만 습지가 아늑하고 평화롭게 펼쳐진다. 참으로 경이롭고 아름답다. 내 눈 앞에 펼쳐진 순천만 갈대….

우리 머릿속에 각인된 "바람에 흔들리는 키 큰 갈대"가 아니다. 우리 친구들이 어린 시절에는 다 고만고만해 보였던 것처럼, 지금 내 눈앞의 파릇파릇한 갈대는 그저 평범한 풀로 보인다. 생김새도 벼와 비슷하다. 하지만 비슷해 보이는 그 속에 참으로 오묘한 삼라만상의 섭리가 숨어 있지 않은가 말이다. 만물은 다 때가 있는 법이다. 어느 구름 속에 비가 들어 있는지 모른다. 자랄 때는 다 고만고만해 보이지만, 세월이 지나 성숙해지면 저마다 지닌 천성이 뚜렷이 나타나는 법이다. 지금은 새파란 저 갈대들도 그럴 것이다.

대부분의 갈대는 자연의 섭리에 따라 평범한 일생을 마치고 스러지겠지만, 어떤 갈대는 자기 속에 귀한 것을 품고 키워서 어떤 불우한 환경에 처해 있더라도 남다른 의지와 도전으로 이겨내어 그만의 멋스럽고 독특한 아름다움을 꽃피우기도 할 것이다. 어쩌면, 그 향기 나는 갈대가 오늘 친구들을 용산 전망대로 안내해 준

멋진 친구, 숙이가 아닐까!

 드넓은 순천만 갈대밭을 가슴에 담은 뒤 우리는 전망대를 천천히 내려와 순천만이 바라다보이는 2층 카페에 앉았다. 다시 초등학교 시절로 돌아가 옛이야기와 세상 이야기로 웃음꽃을 피웠다.
 장북초등학교 30회 동창들의 1박 2일 아름다운 여행이 순천만 석양처럼 저물어 갔다. 행복한 날이었다. 역쉬! 순수했던 시절 깨복쟁이 초등학교 친구들이 최고다.

가을

가을날 벽옥처럼 빛나는 고요하고 넓은 호수
연꽃 우거진 곳에다 목란배를 매어두네
물 저편에 있는 님에게 연밥을 던졌다가
행여 남들 알아챘을까, 반나절 가도록 부끄러워했네

_ 허난설헌, 〈채련곡(採蓮曲)〉

진실로 간절하다면,
꿈은 이루어진다

꿈에 그리던, 설악산 대청봉~공룡능선 완주의 기쁨

설악산 대청봉~공룡능선 등반은 오랜 꿈을 성취한 희열과 만족감도 컸지만 큰 깨달음을 주었다. 무엇보다 중요한 것은 꿈을 꾸고 실천하면 된다는 것, 간절하면 결국 꿈은 이루어진다는 사실이다.

설악산 가는 길, 든든한 나의 산행 대장

꿈에 그리던 설악산 대청봉과 공룡능선을 완주했다. 새벽 3시에 오색 등산로를 출발해 대청봉을 아침 6시 20분에, 중청대피소와 희운각대피소를 거쳐 공룡능선과 마등령을 오후 1시 50분에 올랐다. 이후 비선대를 거쳐 저녁 8시에 신흥사 버스정류장에 도착하기까지 총 20.4km 산행에 15시간이 걸렸다.

설악산 등반은 내 인생의 오랜 버킷리스트였다. 한국에서 최고 높은 봉우리 3위가 설악산 대청봉(1708m)이다(참고로 1위는 한라산 백록담 1947.2m, 2위는 지리산 천왕봉 1915m). 등산인들이 가장 오르고 싶은 산봉우리를 꼽을 때 압도적인 1위를 차지한다는 그 대청봉과 공룡능선을, 환갑을 바라보는 나이에 내가 완등한 것이다.

사실 운동이라고는 출퇴근할 때 대중교통을 이용하면서 계단을 오르내리고, 전동차 안에서도 앉지 않고 서서 다니는 것 정도가 전부이고, 산은 많이 타 봤지만, 기껏해야 당일치기 6~7시간 정도인 내가 하루에 설악산 대청봉을 찍고 공룡능선을 종주한다는 것은 무리였다. 하지만 등산을 좋아하는 내가 산 중에 최고 으뜸이라는 설악산 대청봉에 발을 디뎌보지 못했다는 것은 부끄러움이었고, 나이가 들수록 더욱 초조해지고 간절해지면서 언제부터인가 작은 소망으로 자리 잡았다.

그날은 추석 명절을 앞둔 9월 27일이었다. 서울에서 버스를 타고 양양에 도착해 오색에서 새벽 3시에 출발했다. 낮에 온종일 비가 내려서 그런지 오색 등반로 입구는 칠흑같이 어두웠다. 한편으로는 등산하기에 딱 좋은 날씨이기도 했다. 대기 중의 먼지가 비에 말끔히 씻겨 내려 공기가 더할 나위 없이 상쾌했다.

춥지도 덥지도 않고, 오늘만 같았으면 할 정도로 등산에는 최고로 좋은 날씨다. 더욱 환상적인 것은, 칠흑같이 어두워서 헤드 랜턴이 비추는 1~2m 반경만 바라보고 걸을 수 있다는 것이다. 오로지 산을 오르는 데만 온몸의 신경을 집중할 수 있어서 어렵잖게 가파른 고갯길을 오를 수 있었다.

여기에 천군만마와도 같은 나의 특별 산행 동무, 산행 대장 철이 친구가 같이하고 있으니 걱정이 없다. 철이 친구는 40대 후반에 IT 업체 개발 책임자로 일할 때 쉬지 않고 일했다. 그 스트레스를 독한 술로 풀다가 어느 날 갑자기 계단을 오르던 중에 쓰러졌다. 중환자실에서 여러 달 사경을 헤매다 극적으로 다시 살아났다. 그는 재활을 위해 등산을 시작했고, 이내 산악인이 되었다.

오래전에 한국 100대 명산을 완등한 것은 물론이고 지금은 등산이 최고의 취미가 되어 거의 매주 산에 오른다.

그는 나를 아주 편안하게 이끌었다. 처음 등산 시작 길에는 아직 충분히 힘이 남았는데도 20분 만에 휴식을 잠깐 취하면서 물을 먹게 했다. 오이도 간식으로 주었다. 그리고 다음 휴식시간을 30분, 40분, 50분으로 늘리고는 음료와 간식거리를 종류를 바꿔가면서 차례로 먹게 했다. 중간중간 허기를 달래서 힘이 다시 샘솟게 하였다.

보통은 오색에서 대청봉 정상까지 5km 급경사 구간을 4시간에 주파한다는데, 나는 친구의 보살핌 덕분에 3시간 20분 만에 완등할 수 있었다. 신기하게도 생각보다 힘이 별로 들지 않았고, 공룡능선을 어렵잖게 완주할 수 있다는 자신감이 샘솟았다.

안개 자욱한 대청봉, 내 생애 첫 발걸음

대청봉 정상에 가까워지자 잘 익은 단풍나무들이 한두 그루씩 보이기 시작하고, 두꺼운 솜뭉치 같은 안갯속에서 간헐적으로 일출이 번쩍였다.

아침 6시 20분! 드디어 설악산 최고봉인 대청봉에 우뚝 올라섰다. 작은 물방울 알갱이에 불과한 안개가 거대한 집단의 힘으로

작렬하는 태양에 맞서 일진일퇴 용호상박의 싸움을 벌이는 모습이 장관이었다.

　나는 장엄한 해돋이를 보기 위해 태양이 승리하기를 열렬히 응원했는데, 아직은 역부족이었는지 감질나게 몇 초만 맛보기로 보여주고는 다시 안개에 묻히고 말았다. 마냥 기다릴 수는 없어서 아쉬운 발길을 돌려 중청대피소로 향했다.

　가지가 휘어지도록 불어오는 강풍에 적응하여 살아내느라 소나무며 수풀이 모두 키는 키우지 않고 옆으로만 뻗어 납작 엎드렸다. 그 강인한 생명력에 저절로 고개를 숙이며 박수를 보냈다.

　아침 7시 30분. 중청대피소에서 아침으로 김밥을 먹고 있는데, 국물도 없이 먹는 게 처량해 보였는지 옆에서 김이 폴폴 나는 라면을 반쯤 덜어 건네준다. 그 따뜻하고 짭짤한 라면 맛을 평생 잊을 수 없을 것 같다. 덕분에 아침 식사를 든든하게 하고 다시 단단하게 등산화를 동여맸다. 그리고 힘차게 희운각 대피소로 발걸음을 내디뎠다.

하지만 그때는 정말 몰랐다. 이미 지나온 2.7km 구간이 얼마나 편안한 길이었는지를. 앞으로 남은 구간이 얼마나 고행이 될지를.

공룡능선 5.1km, 5시간 10분의 고투

다시 산행에 나서는 길, 마침내 먹구름과 안개를 몰아내고 우뚝 선 태양 빛이 장엄하게 세상을 비추었다. 비교적 무난한 내리막길로 천불동 계곡과 공룡능선의 기암괴석이 바로 눈앞에 펼쳐졌다. 우리는 연신 찰칵찰칵 사진을 찍고 감탄사를 연발하며 희운각 대피소에 도착했다. 그 시간이 아침 8시 40분. 그때는 무슨 뜻인지 잘 몰랐는데, 너무나 소중하고 중요한 이야기가 전설처럼 내려오고 있었다.

희운각대피소에서 출발하는 시간이 아침 9시가 넘으면 공룡능선 쪽으로 가지 말고 천불동 계곡 쪽으로 가라는 말이다. 공룡능선은 그만큼 시간이 오래 걸리는 코스이니 조심하라는 의미다.

우리에게는 다행히 9시까지 20여 분의 여유가 있었다. 다시 한 번 등산 장비를 단단히 잡아매고 마음을 다잡았다. 오매불망 내가

 그렇게나 밟고 싶던 마의 구간, 공룡능선 5.1km 구간의 시작점이기 때문이다.

 설악산 공룡능선은 외설악과 내설악을 남북으로 가르는 설악산의 대표적인 능선으로, 생긴 모습이 공룡의 등 모습과 비슷하여 공룡릉恐龍稜이라고 불린다. 이 능선은 보통 마등령에서부터 희운각대피소 앞 무너미고개까지의 구간을 말한다. 강원도 속초시와 인제군의 경계이기도 하다. 공룡능선 구간은 영동·영서를 분기점으로 구름이 자주 끼는 등 기상이 변화무쌍하다. 하지만 가야동계곡, 용아장성을 한눈에 바라볼 수 있을 뿐 아니라 외설악의 천불동 계곡부터 동해까지 시원하게 펼쳐진 절경을 볼 수 있을 만큼 전망이 좋아서 산악인이라면 도전하고 싶어하는 등반 코스다.

드디어 제1곡 신선봉에 올랐다. 공룡능선의 남쪽(무너미고개 근처)에 위치한 봉우리로, 마치 신선들이 사는 천상계인 듯 매혹적인 안개가 더욱 운치를 더했다. 제2곡 공룡능선 1275봉은 공룡능선의 중심 부분에 있는 봉우리로, 비할 바 없이 웅장하다. 제3곡 공룡능선은 나한봉과 1275봉 사이의 봉우리로 남녀 신선들이 사랑놀이하는 듯 방아 찧는 모습의 형상이다. 제4곡 공룡능선 나한봉은 1298봉으로, 공룡능선의 북쪽(마등령 근처)에 위치한 봉우리로, 유려한 자태를 뽐낸다.

이렇듯 공룡능선은 생긴 모습이 공룡의 등이 용솟음치는 것처럼 힘차고 장쾌하게 보인다고 하여 붙여진 이름이다. 실제 눈으로 보는 구름이 휘감은 공룡능선 모습은 마치 선계를 보는 듯한 절경을 보여준다. 공룡능선은 국립공원 100경 중 제1경으로 꼽히는 명성에 걸맞게 아름답고 웅장하고 신비로운, 천하제일의 경관을 보여준다.

아! 그런데 이게 웬일인가? 신선이 사는 천상계 무릉도원이 바로 내 눈앞에서 어서 오라고 손짓하는데, 내 몸은 허우적거리며 지쳐가고 있었다. 신선들이 사는 천상계의 계곡을 보기 위해서는 깎아지른 듯 가파른 비탈길 100여m 정도를 오르락내리락해야 한 봉우리를 겨우 볼 수 있는데, 그것이 4개 봉이나 연속으로 이어져 있었다.

아니나 다를까, 염려가 현실로 나타났다. 여기 공룡능선을 무턱대고 왔다가 많은 친구가 무릎 수술을 해야 할 정도로 고통을 겪었다는데, 아뿔싸 내 다리가 점점 아파지는 것이다. 제1봉 신선봉을 지나 제2봉을 오른 후 내리막길부터 왼쪽 무릎이 저렸다. 몸의 각 부위가 따로 놀았다. 내 몸인데 내 몸이 아니었다. 얼굴과 눈은 좋은 공기 마시며 신선놀음을 하는데, 무릎은 새벽부터 험악한 바위산을 오르며 후들후들 떨어야만 하냐며, 더는 걷지 못하겠다고 몽니를 부리기 시작했다. 특히 왼쪽 무릎이 많이 시큰거리고 아팠다. 정말 참고 참다 정말로 미안한 마음으로 산행 대장 철이 친구에게 보고했다.

"왼쪽 무릎이 너무 아파 못 걷겠어…."

"여기서 죽든지 걷든지 양단밖에 없어…."

그 매정한 소리가 메아리쳐 다시 돌아왔다. 친구가 쉬는 시간마다 수시로 다리에 파스를 바르고 약을 먹던 모습이 떠올랐다. 친구는 응급처방으로 내게 근육 이완제를 먹이고 무릎에 파스를 바르도록 하면서 물었다.

"여기 오기 전에 공룡능선 준비물과 끔찍한 묘사로 도배된 공룡능선 산행 후기를 인터넷으로 보지 않고 왔느냐?"

"그런 걸 미리 보고 오면 감흥이 떨어져서 보지 않는데…."

"그래도 그렇지. 여기가 다른 데도 아니고 그 악명 높은 공룡능선인데 참…."

친구가 한심하다는 듯 나를 바라봤지만, 이제 후회해봐야 소용 없는 일. 새벽에 우리가 타고 온 버스를 다시 타는 건 포기해야 했다. 무릎이 아파지기 전에 더 자주 쉬면서 천천히 걷기로 했다. 천만다행으로 그 파스의 효력이었는지, 강한 마음가짐이었는지 몰라도 다리가 훨씬 나아져 앞으로 한발 한발 나아갔다.

그러던 어느 순간 가슴이 철렁 내려앉는 일이 벌어졌다. 사업상의 모든 정보가 들어있어서 나의 밥줄이나 마찬가지인 휴대폰이 떨어져 저 아래 벼랑 경계선에 걸렸다. 걸으면서 좋은 풍광을 찍으려고 휴대폰 줄을 손목에 감고 갔는데, 그것이 얼마나 흔들렸으면 가죽끈이 떨어진단 말인가! 조심조심 휴대폰을 주우면서 가슴을 쓸어내렸다.

그렇게 정신없이 걸어 적어도 1km쯤 더 왔겠다 싶었는데, 확인해 보니 겨우 200m를 더 왔을 뿐이었다. 태어나서 1km가 이토록 먼 거리인 줄 처음 알았다. 이후로는 아예 거리 가늠을 하지 않고 그저 한 걸음 한 걸음 쉬지 않고 걸었다. 우리는 공룡능선 5.1km 구간을 무려 5시간 10분이 걸려 통과했다. 오후 1시 50분, 드디어 마등령삼거리 능선길에 도착한 것이다.

끝도 없는 내리막길, 그저 무사하기만을…

이제부터는 내리막길뿐이다. 부지런히 걸으면 예정된 5시 30분까지는 충분히 도착할 것 같았다. 비선대까지는 끝없이 이어지는 자갈밭이었다.

몸의 힘은 다 빠지고 안개 속을 걷는 듯 몽롱한 상태에서 자칫 발을 헛디디거나 몸이 삐끗하면 낭떠러지에서 바로 천당 길로 가는 것이었다. 몸이 힘드니 천상의 계곡이니 뭐니 하는 감상도 사치였다. 그저 무사히 건강하게 내려가는 것만이 유일한 바람이었다. 바윗돌을 만나면 스틱을 바위에 대고 힘을 실었다. 최대한 스틱에 몸을 의지하며 무릎에 무리가 가지 않도록 한발 한발 내어디뎠다.

그렇게 머릿속으로는 족히 수십 킬로미터는 내려온 것 같은데 끝은 안 보이고, 벌써 날은 어둑어둑해졌다. 마지막 급경사길, 이제 나의 산행 대장 철이도 내 시야에서 멀어진 지 오래다.

'그래! 함께 온 관광버스를 못 타고 가고, 설사 함께 온 동료들과 이별해서 외톨이가 되더라도 무리하지는 말자. 무릎을 보호하자. 무리하지 말고 이 페이스로 내려가자.'

이렇게 마음을 다잡고 비선대까지 3.5km 내리막길을 3시간 만에 내려왔다. 생각보다 무릎은 괜찮았는데, 긴장이 풀려서 그런지 어깨와 등을 비롯해 온몸이 쑤시고 아팠다. 그래도 신흥사 버스정류장까지 가려면 힘을 내야 했다. 이제 신선대에서 신흥사까지는 3km. 수정같이 맑고 아름다운 계곡물과 곧게 뻗은 소나무가 깨끗하게 포장된 도로에 펼쳐졌다.

하지만 몸이 지칠 대로 지치니 그런 건 하나도 눈에 들어오지 않고 속으로 왜 이렇게 신흥사를 멀리 지었냐며 애먼 스님들 탓만 했다. 그렇게 신흥사에 겨우 도착했다. 가게에서 음료를 사서 벌컥벌컥 마시고는 버스정류장 쪽으로 더 걸어 속초 터미널로 가는 7-1번 버스를 탔다. 오후 6시. 새벽에 우리를 싣고 온 버스는 30분 전에 떠나고 없었다.

오늘 하루, 죽도록 고생하면서 마음먹기에 따라 상황 인식이 얼마나 달라지는지를 절감했다. 그리고 또 새삼 세 가지 교훈을 가슴에 새겼다.

첫째, 산행에는 사전 준비와 충분한 정보 숙지 그리고 겸손한 마음가짐이 필요하다는 것이다.

둘째, 몸이 건강하지 않으면 세상 그 어떤 것도 아무런 소용 없는 검불에 불과하다는 것이다.

셋째, 내가 힘들고 지치면 내 눈의 시야가 먼저 좁아지고 마음마저 작아져 더욱 옹색해지면서 사람 구실을 못 한다는 것이다.

무엇보다 꿈은 실천하면 이루어진다는 것, 간절하면 결국 이루어진다는 사실을 깨달았다.

▶ 설악산, 나의 등산로

오색분소 - 대청봉 - 공룡능선 - 비선대 - 권금성 : 20.4km

드넓은 초원 소똥밭에
구르자니 드는 생각

몽골 열트산에서 내게 보내는 편지

강 시인이 데굴데굴 산 아래로 먼저 굴러 내려갔다. 나도 엉겁결에 데굴데굴 굴렀다. 처음 한두 바퀴는 천천히 굴러가서 재밌었는데 가속도가 붙으니 장난이 아니다. 황홀감은 다 어디 가고 눈앞이 캄캄하고 어지럽고 울렁거리고 머리가 뱅뱅 돌았다. 사방이 다 소똥 천지다.

칭기즈칸의 나라, 몽골 역사의 속살

 비행기에서 내려다본 하늘의 풍경은 경이로웠다. 솜사탕 같은 뭉게구름이 끝도 없이 몽글몽글 퍼지며 하늘길을 열었다. 지상에서 무려 1만m 떨어진 하늘. 아마도 천국은 이처럼 깊고 깊은 새파란 호숫가에서 태양과 물방울이 서로 사랑하고, 질투하고, 눈물 뿌리는 사랑의 놀이터와 같을지도 모른다. 이 구름 밑 생명체들은 태양과 구름과 물방울의 이 시도 때도 없는 애정 싸움에 그저 울고 웃고 놀아나야 하니 말이다.

 우리 일행이 탄 비행기는 인천공항을 떠난 지 3시간 만에, 넓은 대지 위에 작은 물 한 방울이 떨어지듯 몽골 칭기즈칸국제공항 활주로에 멈춰 섰다. 내 마음속은 낯설고 얼떨떨하면서도 뭔가 신비로운 것을 기대하는 설렘으로 가득했다. 주위를 둘러보니 상상으로만 꿈꾸었던 몽골의 초원이 구릉을 이루며 끝도 없이 푸르게 펼쳐져 있다. 나무 한 그루 없는 민둥산조차 낯설지 않고 아

름답게 다가왔다.

　몽골은 한반도의 7.4배에 이르는 광대한 영토다. 북쪽으로는 러시아, 남쪽으로는 중국, 서쪽으로는 중앙아시아 국가들로 향하는 출발지로서 중요한 지정학적 위치를 점하고 있다.

　13세기 칭기즈칸에 의해 몽골제국이 성립되어 세계 역사상 가장 광대한 국가를 건설했다. 평균 수명 70세. 목축업과 관광업이 주요 수입원이며, 세계 10위의 자원 부국이다. 인구밀도는 ㎢당 2.10명으로 세계에서 가장 낮은 수준이다.

　재미있는 사실은 초원에서 목축업 종사자는 전 국민의 5%에 불과하지만, 몽골에서는 부유층에 속해서 자식들을 한국 등에 유학시키는 등 신 엘리트층을 형성하고 있다는 것이다.

　수도 울란바토르는 과도한 인구 집중으로 난개발, 도로 등 각종

인프라 부족 등으로 교통체증이 일상이다.

몽골에 도착한 다음날, 중앙아시아에서 제일 큰 라마 불교의 성지 간등사를 찾았다. 부처상 대신에 당 태종의 조카로 알려진 문성 공주(623~680)의 상이 놓여 있었다. 문성 공주는 토번 제국의 왕비가 된 당나라 여인이다. 토번을 통일한 손첸감포가 당 태종에게 공주와의 혼인을 요청했지만, 처음에는 거절당했다. 나중에 양국의 화의가 성립되자 혼인이 성사되었다. 토번은 티베트와 중앙아시아, 남아시아를 아우른 제국으로 7~9세기에 존속하며 세력을 떨쳤다. 640년, 토번으로 시집간 문성 공주는 40년간 그곳에서 왕비로 살면서 양국의 우호와 장족의 문화 발전에 크게 이바지했다. 특히 티베트에 불교 문물을 전해 티베트인들의 여신으로 추앙받고 있다.

대통령궁과 의회가 있는 수흐바타르 광장도 둘러봤다. 칭기즈칸 서거 800주년을 기념하여 주조했다는 동상이 웅장했다. 칭기즈칸은 죽기 전에 이런 말을 남겼다고 한다.

"우리는 똑같이 희생하고 똑같이 부를 나누었소. 나는 사치를 싫어하고 절제를 존중하오. 나의 소명이 중요했기에 나에게 주어진 의무도 무거웠소. 나와 나의 부하들은 늘 원칙에서 일치를 보며 서로에 대한 애정으로 굳게 결합해 있소. 내가 사라진 뒤에도 세상에는 위대한 이름이 남게 될 것이오."

그의 말처럼 그의 이름과 기백은 영원히 살아남아 지금도 몽골 전역에 그를 기리는 기념물이 있다.

문학인 행사, 내가 글을 쓰는 이유

오후에는 한-몽골 국제 문학인 행사에 참석했다. 몽골 국립대학 국문과 교수님들과 《노을 속에 당신을 묻고》의 저자 강민숙 시인 등 여러 시인의 귀한 말씀을 들었다. 부족하지만 그분들 앞에서 자작시를 낭송하는 기쁨도 맛봤다.

내가 나를 좋아하는 것은
부끄럽다고 쉬이 멈추지 않고
장애물도 사뿐히 즈려밟고 넘고
새로운 것에 가슴이 뛰고
머리통을 박차고 나와 한발이라도 걸어 나가고
모든 것을 감사하며 산다는 것이다.
흔적 없이 흔적 없이
그 어느 날 바람에 모든 것이 흩어짐을 알기에…
더불어, 순간순간을 가슴에 담아 맛보고 느끼고 쓰고 산다.
아무리 고뇌하고 아무리 몸부림쳐봐도
미련하고 미천한 내가 지상에서 누릴 수 있는 최고의 행복,
꼭 채우고 갈 숙제가 그것이라 믿기에…
그래서일까?
오늘도, 순간순간이 참 맛있다.

_ 김희범, 〈내가 글을 쓰는 이유〉

초원에서 말 달리고 소똥밭에 굴러보기

이튿날 아침, 테를지국립공원에 있는 아리야발 사원을 찾았다. 울란바토르 시내를 벗어난 지 채 5분이 안 되어 푸른 초원의 구릉지와 야산이 끝없이 펼쳐졌다. 눈앞에 펼쳐지는 풍경에 감탄사를 연발하다 한순간 시선이 산 중턱에 멈춰 섰다.

빨갛고 노랗고 파란 색색의 야생화와 기암괴석에 마음을 빼앗기며 1km쯤 걸어 올라서자 부처님 타고 다니셨다는 코끼리를 형상화해 만든 아리야발 사원이 보였다. 사원은 아담하고 소박했다. 내부는 작은 불상들로 가득 차 있었고, 변변한 집기 하나 없이 스님들이 경전을 외우고 기도하는 마룻바닥뿐이었다.

바로 이 소박한 모습이 욕심과 번뇌를 내려놓고 청정행을 실천하는 수도자의 면목이 아닐까 하는 생각이 들었다.

오후에는 몽골 전통 집 게르도 방문했다. 게르 안은 생각보다 넓고 푸근했다. 그릇과 식기, 침대 등 살림살이가 정말 없는 것 빼고 다 있었다.

몽골 여행의 백미라는 말 달리기 체험도 했다. 일행과 함께 백마에 올라타 푸른 초원을 신나게 내달렸다. 한바탕 달리고 나니 자연과 말과 호흡을 같이하며 가슴이 상쾌해졌다.

하루가 저무는 시각, 게르에 짐을 풀고 몇몇이 함께 뒷산에 올랐다. 해는 옆 산에서 뉘엿뉘엿, 뭉게구름은 나빌레라 넘실거렸

다. 기암괴석과 푸른 초원 아래 우주선인 듯 하얀 게르가 펼쳐지고, 말과 소와 양 떼가 한가로이 풀을 뜯었다. 형언할 수 없이 아름다운 풍경이다.

이곳이 우리가 그토록 꿈꾸고 찾아 헤매던 무릉도원이 아닐까! 그 광경을 하염없이 바라보는데, 두 시인이 이구동성으로 고백하듯 말한다.

"이렇게 행복한 날도 많았지만, 우울감에 빠질 때도 많았어. 그리고 하염없이 울어도 봤지."

시인들의 말뜻을 헤아려 아마도 너무 높은 행복감에서 떨어지는 어떤 상실감 같은 것이 아닐까 생각하는데, 갑자기 강 시인이 언덕 아래로 굴러 보자고 한다. 말이 떨어지기 무섭게 그가 데굴데굴 산 아래로 먼저 굴러 내려갔다. 나도 엉겁결에 데굴데굴 굴렀다. 처음 한두 바퀴는 재미도 있고 천천히 굴러갔는데, 가속도가 붙으니 장난이 아니었다. 황홀함과 행복감은 다 어디 가고 앞이 캄캄하고 어지럽고 울렁거리고 머리가 뱅뱅 돌았다. 그래도 또 30m를 더 굴러 내려갔다. 이제는 심하게 살이 떨리고 정신이 어지럽고 몸속의 모든 장기가 다 울렁거린다. 60m는 족히 굴러 내려온 것 같다. 돌아서서 굴러온 언덕을 바라보니 사방천지가 다 소똥이다.

그 순간, 소똥 밭을 구르는 강 시인의 마음을 알 것도 같았다. 어쩌면 우리 인간은 저 넓고 아름다운 세상에 살면서도 그저 돈과 명예와 권력 같은 부질없는 허상을 위해 정신없이 데굴데굴 구르며 혼이 빠진 채 사는 건 아닐까? 진정한 행복과 세상맛을 모르고 다람쥐 쳇바퀴 돌 듯 바쁘게 살다가 한탄과 눈물 속에 이 세상을 하직하는 것은 아닐까?

푸른 늑대와 하얀 사슴의 사랑

몽골 여행 나흘째. 이른 아침, 테를지국립공원 앞산에서 떠오르는 장엄한 태양을 바라보았다. 아침밥을 든든하게 먹고 국립공원에 있는 열트산을 오르기 시작했다.

몽골은 해발 1200m의 고지대에 형성된 나라여서 그런지 높이가 1920m나 되는 열트산이 동네 뒷동산처럼 편안해 보였다. 열트산은 자작나무와 고사목이 외롭게 서 있는 캐럴 나무 작은 군락 일부만 제외하고는 온갖 기암괴석과 목초지로 덮여 있고, 사방팔방이 확 트였다. 이름 모를 갖가지 야생화에 취하고, 끝없이 펼쳐지는 뭉게구름과 대자연을 만끽하자니 마음도 몸도 가뿐하고 상쾌했다.

강 시인은 남다른 기백과 정서를 가진 사람이다. 초원에서 죽어 머리뼈와 이빨만 앙상하게 남은 양 머리를 꽃단장해서 바위에 올려놓고 추념하며 극락왕생을 기원했다.

열트산에는 전설이 내려온다. 저 멀리에서 바라볼 때는 안견의 몽유도원도처럼 아름답게 보였는데, 그 바위 이름이 푸른 늑대 바위라고 했다. 몽골의 탄생 신화와 전설을 품은 역사적인 바위다.

먼 옛날 바이칼 호수 근처에 살던 푸른 늑대가 이곳으로 소풍을 왔다가 하얀 사슴과 이 바위 위에서 사랑에 빠졌다. 그 사랑의 결실로 태어난 아이가 몽골의 시조 할아버지이고, 그 23세손이 몽골 초원을 통일하고 세계 제국을 건설한 칭기즈칸이다. 그래서 남자아이가 태어나면 이름에 푸른 늑대 이름을 넣어 짓고, 여자아이가 태어나면 사슴 이름을 넣어 짓는 풍습이 전해 온다.

울란바토르로 돌아오는 길, 삼겹살과 된장찌개가 일품인 한국 식당에서 점심을 먹었다. 사흘간 매 끼니를 소고기, 양고기로 배를 채웠는데도 항상 뭔가 허전하고 2% 부족한 느낌이었는데, 된장찌개를 곁들여 삼겹살을 상추에 싸서 먹었더니 비로소 2%가 채워지는 느낌이었다.

지난해 9월 1~5일, 닷새간의 몽골 여행. 푸른 초원과 그림 같은 대자연, 낮게 피어오른 뭉게구름과 파란 하늘을 지금도 잊을 수가 없다. 소똥 밭을 데굴데굴 구른 경험은 더욱 특별하다. 체면과 껍질을 벗어던지고 진정한 나를 만나야 한다는 메시지가 아니었을까!

깊은 사랑으로
아름다운 한 쌍의 원앙

화성 국화도에서 생각하는 사랑의 의미

어쩌면 아내는 진정한 나의 대장으로서 머슴이 좀 더 잘 되기를 바라는 마음에 약간 잔소리를 한 것인데, 속이 밴댕이 소갈머리 같은 머슴 놈이 그 깊은 속도 모르고 삐져서 휭하니 가출했다가 제풀에 꺾여 슬며시 돌아왔다. 그래도 아내는 그런 나를 태연히 맞아주니, 세상에서 제일 멋진 나의 여왕이 아닐 수 없다.

국화도 가는 뱃길에서 드는 회상

  초가을 아침 9시 30분경. 우리 버스는 국화도菊花島 행 배 시간에 맞추기 위해 내쳐 달렸다. 경기도 화성 장고항 주변은 한가로운 바닷가 마을의 전형적인 모습이다. 꽤 널찍한 장고항 주차장이 전국 각지에서 몰려든 차량으로 초만원이었다. 요즘 새롭게 떠오르는 명소 국화도의 인기가 실감 났다. 별수 없이 우리는 넘쳐나는 승객으로 인해 다음 배를 기다려야 했다. 마침, 배도 출출해 오고 싱싱한 횟감에 막걸리도 있으니 순식간에 작은 잔치가 벌어졌다.

  가을이라지만 아직 여름 기운이 남은 9월이어서 가림막 하나 없는 장고항 부둣가의 햇볕은 뜨거웠다. 피부가 타건 말건 나는 때깔도 고운 생선회를 폭풍 흡입하고 있는데, 한쪽에서 다소곳한 모습의 한 여인이 연신 술잔을 기울이는 남편 머리 위로 양산을 씌워주고 있었다. 아내를 닮은 그 고운 여인이 하는 양을 보고 있

자니 잊혀가던 지지난해 그날의 일이 아련하게 떠올랐다.

　광복절 아침, 갑자기 부엌의 설거지통이 요동을 치며 날카로운 괴성이 연휴의 아침을 깨웠다. 우리 집 여왕 대장의 갱년기 히스테리 융단폭격이 또 시작되었다. 대장께서 무더위를 피해 아침 일찍 운동을 마치고 돌아왔는데 설거지통이 또 더럽게 방치되어 있고, 남편이란 작자는 방바닥에 뒹굴뒹굴 누워서 주제넘게 책을 붙들고 있는 그 꼬락서니를 보고 만 것이다. 순간 나도 참지 못하고 "왜 휴일 아침부터 소리를 질러대냐?"며 외마디 소심한 반격을 퍼붓고는 읽던 책과 신문, 휴대폰만 집어 들고는 집에서 뛰쳐나왔다.

여왕과 머슴의 역사

55년 전, 여왕은 부유한 종갓집 늦둥이 막내딸로 태어났다. 당시 파출소장이던 아버지는 딸을 금이야 옥이야 귀하게 키웠다. 훤칠한 키에 탤런트 고현정을 닮아 초중고 모든 인기투표에서 1등(본인 주장)을 놓쳐본 적이 없다고 했다. 여기에 현모양처의 덕성과 지혜 그리고 교양까지 두루 갖춘 여왕이니 당연히 자기가 세상의 중심이라고 생각했다.

그래서 일상사가 모두 자기 위주로 돌아가기를 바라고, 이에 어긋나거나 의견 불일치가 생기면 금세 분노를 터트리고 떼쓰는 어릴 적 습성이 표출되었다. 여왕 대장의 처지에서 보면 남편인 나는 '말 잘 듣고 똑똑해 보이는 것' 말고는 별 볼 일 없는 머슴이다. 가진 것 하나 없고, 대머리에 허리는 굽어 노인네 같다. 그에 비해 자기는 평생 대궐 같은 집에 일꾼 수십 명을 부리며 사모님 소리 듣고 살 팔자다. 그런데도 이 머슴을 어여삐 여겨 평생 머슴으로 거두고 지지리 궁상을 떨며 살아준 것만 해도 감사해야 할 일이라고 여기는 것이다.

한번은 초등학교 때부터 남몰래 자기를 짝사랑했던 못생긴 동창 머시매가 수년 전 동창회에서 우연히 만난 후 평생소원이라며 꼭 한 번만 만나 달라 간청했는데도 안 만나줬다고 했다. 그 짝사랑 머시매가 건설 쪽 방수공사 사장으로 제법 크게 성공했는데,

갑자기 암에 걸려 죽을 날을 받아놓고 한번 만나 달라 소원했는데도 끝내 안 만나줬다고 했다. 자기는 오로지 그 종놈만 바라보고 지고지순 일부종사하는 마음으로 어떤 외간 남자도 쳐다보지 않은 이 시대 진정한 천연기념물이라면서, 요즘 같은 세상에 어디 자기 같은 여자가 있느냐고 했다.

그런데 한낱 그런 머슴 주제에 수십 년간 아침밥 한번 짓기는커녕 설거지도 안 하고, 겨우 주말에 한 번 화장실 청소한답시고 대충 시늉이나 내다 만다.

퇴근 후 집에 오면 빈둥빈둥 누워서 밥이 나오나 떡이 나오나 당최 무슨 말인지 이해할 수 없는 책이나 신문 쪼가리를 읽고 있고, 한 달에 한두 번은 어떤 작자들하고 시시덕거리며 등산만 다니고 하는, 그 꼬락서니가 싫고 쌤통이 쌓인 차에 그날 아침 폭발하고 만 것이다.

여왕 대장께서 아침 운동을 나가거나 외출할 때 시종으로 머슴을 데리고 다니고 싶어도 본바탕이 시커먼 화산재 같고, 입 주위는 언제나 더럽게 뭔가 묻어 있고, 칠칠치 못하게 와이셔츠 옷깃이 접혀 있거나 바지가 양말에 끼어 있기 일쑤고, 상노인처럼 허

가을 217

리가 굽어서 아무리 야단치고 달래어 목과 허리를 바로 세워도 곧 도루묵처럼 되돌아가 버리는, 그래서 구제 불능의 인간으로 포기한 지 오래건만…, 꿔다놓은 보릿자루처럼 한쪽 구석에 처박혀져서 찌그러지고 낡아빠진 그놈을 요즘은 바라만 보아도 더욱 부아가 치밀고 짜증이 나는 것이었다.

가끔은 비가 오나 눈이 오나 일용할 양식을 성실히 생산하는 충성심 높은 머슴이라서 짠한 생각이 들다가도 날따라 영 마뜩잖고 꼴 보기 싫으면, 그 머슴을 교양 있는 사람으로 거듭나게 하기 위한 사랑이란 명분으로 마구 머슴에게 짜증을 퍼붓는 것이다.

그래도 신혼 초에는 여왕이 머슴의 경쟁력이고 자랑이라고 떠벌리고, 여왕만 보면 좋아서 어쩔 줄 모르더니, 이제는 그 흔한 사랑한다는 말 한마디 건네는 것조차 인색한 데다가 사업도 좀 되고 하니 자기가 제법 컸다고 본인을 무시하고 멀리한다는 느낌이

든다는 것이다.

물론 이 모든 것은 못난 머슴 놈이 진정한 여왕 대장의 넓은 마음과 하늘 같이 높은 사랑을 홧김에 왜곡하고 이해하지 못한 편협한 생각의 발로이겠지만, 그날 소나기를 피해 허겁지겁 뛰쳐나가면서 머슴 놈은 다짐하고 또 다짐했다.

남의 눈을 지나치게 의식한 나머지 화장을 하지 않으면 가까운 슈퍼도 안 갈 정도이고, 책 한 권 신문 한 줄 안 읽는 본인의 깜냥으로 불쌍한 머슴 놈의 독서 취미마저 쓸데없는 헛짓거리로 경멸하는, 그 마녀가 사는 집구석에 다시는 들어가지 않으리라 다짐했다.

머슴의 가출 사건

집을 나왔으나 딱히 갈 데가 없었다. 친구를 불러 차마 부끄러워 속사정을 시원하게 털어놓지 못하고, 그저 껄껄껄 웃으며 술 한잔을 걸쳤다. 그리고 초연히 영종도 바닷가 한적한 곳에 숨어들었다. 저 넓은 지평선 너머 태양이 넘어가고, 수차례 밀물과 썰물이 밀려왔다 밀려갔다.

그렇게 홀로 앉아 우주의 자전과 공전, 숨소리를 하염없이 바라보며 멍을 때렸다. 구름은 자유롭고 바다는 넓고 석양은 한없이 아름다웠지만, 머슴은 배고프고 지쳐서 힘 빠진, 길 잃은 한 마리

늑대에 불과했다.

급기야 깜깜한 밤 자정, 갑자기 하늘도 머슴을 버린 듯 세차게 폭풍우가 몰아치고 번개가 내리쳤다. 정말 어쩔 수 없이, 앞이 안 보일 정도의 비바람을 뚫고 차를 몰아 회사에 도착했다. 회사 화장실에서 땀과 비에 젖은 옷을 빨아 널어놓고는 고양이 세수만 하고 사무실 바닥에 돗자리를 깔아 잠을 청했다. 왠지 모를 서러움이 밀려들어 비몽사몽 잠을 설쳤다. 다음날부터 원룸을 알아보니, 나 같은 처지에 몰린 사람이 그렇게나 많은 건지 마곡 신도시 그 많은 방이 다 찼다.

요모조모 궁리 끝에 원룸은 포기하고 금요일 밤까지 엿새를 내리 돗자리를 깔고 사무실에서 잠을 잤다. 밥은 사 먹거나 귀찮으면 굶었다. 집 나온 사실을 행여 직원들에게 들킬세라 새벽 일찍 일어나 회사 근처 서울식물원과 궁산에 올라 산책을 하고, 하염없이 한강을 바라보다 아침 9시에 맞춰 평상시와 같이 출근했다.

집 나와 보니 집의 소중함 깨달아

평상시 잘 거들떠보지 않던, 밤낮없이 울려대는 여왕 대장과 아들놈들의 카드 긁는 소리, 그리고 수업료와 수리비 등 돈 빠져나가는 소리가 귀에 거슬렸다. 지금 당장 그들의 생명줄인 카드를 정지하고, 멋진 원룸을 얻어 나 혼자 자유롭게 살고 싶은 욕망이 꿈틀거렸다. 하지만 희한한 일이다. 밖에 나와 있으면 나 혼자만의 천국에서 좋아하는 책을 마음껏 읽을 수 있고 글도 마음껏 쓸 수 있으리라 여겼는데, 현실은 그렇지 못한 것이다. 영양가 없는 동영상이나 보게 되고, 앞날이 캄캄해지고 기분이 찜찜해 아무것도 할 수 없었다.

30년 가까이 살 비비고 살면서 미운 정 고운 정 다 든, 나의 가장 소중한 피붙이, 영양가 많은 생과일주스를 갈아주고, 항상 내가 건강하고 잘 되기를 기원하고, 고춧가루가 이빨에 끼었는지 양말에 바짓단이 끼어 있는지 항상 살펴주고, 남자는 항상 씩씩하게 가슴을 열고 굽은 허리를 곱게 펴고 다녀야 한다며 무던히도 이 몹쓸 몸을 어루만지며 괴롭히던 여왕 대장의 얼굴과 산산이 부서지는 보금자리의 쓸쓸함이 겹쳐지며 도저히 혼자 사는 결단을 내릴 수 없었다.

그 주 토요일 아침, 집 근처 병원에서 코로나 방역 주사를 맞고 갈아입을 옷을 가져가기 위해 할 수 없이 집에 잠시 들렀다.

"아버지! 코로나 방역 주사 부작용이 심하대요. 그냥 집에서 편히 쉬세요."

"이제 왔어요."

다소곳이 말하고는 정성 들여 차려준 여왕 대장의 맛있는 집밥을 못 이긴 척 배불리 먹고, 또 못 이긴 척 안방에 들어가 지난 일주일간 설친 잠을 보충하듯 늘어지게 단잠을 잤다. 잠속으로 빠져드는데 이런 생각이 들었다. 역시 집 나가면 개고생이구나.

어쩌면 아내는 진정한 나의 대장으로서 머슴이 좀 더 잘 되기를 바라는 마음에서 약간 잔소리를 한 것인데, 속이 밴댕이 소갈머리 같은 머슴 놈이 그 깊은 속도 모르고 삐져서 휭하니 가출했다가 제풀에 꺾여 슬며시 돌아왔다. 그래도 아내는 그런 나를 태연히 맞아주니, 세상에서 제일 멋진 나의 여왕님이 아닐 수 없다.

그렇게 한동안 생각에 빠졌다가 주위를 돌아보니 어느덧 우리가 탄 배가 국화도 선착장에 도착해 있었다.

나의 여왕을 닮은 섬, 국화도

국화도는 다소곳한 섬이다. 넓지도 크지도 않고 높지도 않지만, 수수하니 어여쁘고 사랑스럽다. 줄을 이어 숲을 이룬 대나무며 소나무가 푸름을 더해 갔다. 백금가루를 뿌린 듯 눈부시게 아름다운 백사장에는 자그마한 기암괴석들이 수를 놓은 듯 펼쳐져 있다.

국화도는 꽃이 늦게 피고 늦게 진대서 늦을 만晩자를 써서 만화도라 불렸다. 일제강점기에는 국화가 많이 핀대서 국화도로 불렸는데, 실제로 섬 전체가 들국화 천지다. 국화도는 배를 타고 장고항에서 10분, 궁평항에서 1시간 거리다. 국화도는 아주 작지는 않아서 섬 전체를 돌아보려면 2시간은 걸린다. 장고항에서 바라보는 국화도는 섬을 온통 뒤덮은 소나무숲 때문에 사람이 살지 않는 섬처럼 보인다.

경사가 심하지 않고 물이 맑은 해수욕장에서 안전하게 물놀이를 즐기고, 아이와 함께 호미를 들고 나가 고둥과 조개 등 다양한 해산물을 잡거나 어선을 타고 낚시를 즐길 수 있다.

우리는 담소를 나누고 어깨동무를 하면서 사진을 찍고 물장구를 치고, 투망을 던지면서 국화도 섬 한 바퀴를 돌았다. 남에서 북으로 길게 뻗은 국화도 산 능선을 타고 멋진 바닷가를 조망했다. 아득하게 공장의 굴뚝이 보이고, 육지의 산이 보이고 집들이 보였다. 멀리서 보니 지옥 같은 저곳도 참 아름답고 평화로워 보인다. 신기하게도 세상만사는 조금 떨어져 보아야 잘 보이고, 아름다워 보인다. 특히 사람은 더 그렇다.

국화도에는 빨갛고 노랗고 파랗고 하얀 꽃들이 무리 지어 아름답게 피어있다. 바람에 흔들리는 꽃잎마다 그리움이 묻어난다.

드디어 국화도 정상의 모정에 올랐다. 안 보이는 것 빼고 다 보인다. 아마도 이 섬의 누군가도 애절하고 애타게 긴 모가지를 하고 저 아득한 곳을 바라보고 곱씹으며 그리워했을 것이다. 그래서일까. 포근하고 따뜻한, 아낙네의 숨소리가 향기롭게 들리는 듯하다.

바닷가의 점심시간. 그 여인이 남편보다 불편한 곳에 앉아서 남편의 숟가락 위에 붉은 소고기를 올려놓는다. 아름답다. 이보다 더 아름다운 것이 세상에 있을까? 집에 있는 여왕의 눈길이 겹쳐진다. 어쩐 일인지 여왕의 눈매가 촉촉이 젖어 있다.

인생 꿀팁

부부 백년해로 10헌

오래도록 행복한 부부생활을 위하여 〈부부 백년해로 10헌〉을 팁으로 남긴다.

제1헌. 인내: '한약'론
  - 인내하며 다툼을 피하라
  - 참는 것이 이기는 것이다
제2헌. 칭찬: 귀로 먹는 '보약'론
  - 칭찬에 인색지 마라
제3헌. 웃음: '명약'론
  - 웃음과 여유를 가지고 대하라
제4헌. 기쁨: '신약'론
  - 서로 기뻐할 일을 만들어라
제5헌. 사랑 표현: '만병통치약'론
  - 사랑을 적극 표현하라
제6헌. 같이 즐기는 오락이나 취미를 만들어라
제7헌. 금연·금주하고 건강을 지켜라.
  - 건강한 부부는 부부 관계도 건강하다
제8헌. 서로 지나치게 의존하지 마라
  - 경제적·심리적으로 적당히 독립하라
제9헌. 매년 혼인 갱신 선언을 하라
  - 머쓱해질 틈을 주지 마라
제10헌. 부부 교육 프로그램에 적극 참여하라
  - 투자한 만큼 거둔다

인생길에서
불행과 실패를 다루는 법

북한강 '정약용길'에서 새기는 인생론

도도히 흐르는 강물을 물끄러미 바라보았다. 결국엔 나도 저 한 점 먼지로 돌아갈 텐데, 얼마나 제대로 나이 들어가고 있을까? 추하게 늙어가는 대신 곱게 익어가고 싶다면 더 품위 있고 아름답고 고귀한 사람이 되라고, 스치는 바람이 조용히 일러주었다.

가을의 쓸쓸함이 눈부신 북한강길

　남양주 최고 명소라는 정약용길을 걸었다. 북한강철교에서 시작해 옛 능대역~실학박물관~다산생태공원~두물머리로 이어지는 코스는 내가 생각한 것 이상으로 환상적이고, 우리네 인생사와 많이 닮았다.

　유서 깊고 풍치 좋은 옛 북한강철교는 1939년 4월 1일 중앙선이 개통하며 세워졌다. 2008년 12월 29일 중앙선 팔당역-국수역 구간 복선 전철 개통과 함께 오로지 자전거와 사람만이 다닐 수 있는 '낭만의 다리'가 되었다. 마치 하늘에 매달린 양, 긴 그네 같은 철교 위를 씽씽 내달리는 사이클의 행렬이 부러워 한참을 쳐다보았다. 예봉산, 운길산, 예빈산, 검단산, 용문산… 날랜 호위무사들의 삼엄한 경호 속에 북한강은 유유히 흘렀다. 우리는 철교를 지나 북한강변을 따라 잘 닦인 길을 걸으며 만추의 낭만을 만끽했다.

슬픔도 사는 힘으로 승화시킨 들꽃들

나와 마주친 나무들과 들꽃들이 말을 걸어오고, 싱그러운 자연 나라에 나도 풍덩 풍덩 빠져들기 시작한다. 붉은 저고리에 회색 치마를 입은 단풍나무 아가씨, 덧없는 세월에 고개 숙인 갈대 노인, 인생은 늦가을 11월부터라며 늦깎이 사랑을 꽃피우는 노총각 노처녀 코스모스가 눈에 띄었다.

대도시 변두리 고등학교를 최우등으로 졸업했지만, 무슨 운명의 장난인지 취직 시험에 계속해서 낙방하고는 결국 낙향하여 소를 키우고 특수작물을 재배하다 결국 경제적 압박을 이기지 못하고 유서 한 장 없이 차가운 신안 앞바다에 투신한 슬픈 주인공….

저기 쓸쓸히 주저앉은 들꽃이 그인가 싶다.

한창 피어오를 나이 서른, 둘째 아이 출산을 보기 위해 달려오던 남편이 그만 교통사고로 세상을 떠났다. 그 가슴 무너지는 슬픔을 시로 승화시켜 30년이 흐르는 지금은 수려하게 꽃을 피운 한 멋진 시인처럼, 불우한 환경을 이겨내고 탐스럽게 꽃망울을 터트린 들꽃들이 눈에 띄었다.

평균 나이가 70세인 장수 산악회에 한 달 건너 한 번씩 병든 남편을 휠체어에 태우고 힘들게 밀고 끌고 참석하는 78세의 용감한 할머니. 사람들이 "왜 이렇게 힘들게 거동도 불편한 사람을 모시고 나오시느냐?"고 물으면 "남편이 나와 자식들을 위해 평생을 힘들게 먹여 살리다가 이렇게 병들었는데, 이 정도도 못하면 어찌 부부이고 사람이라 하겠느냐?"며 배시시 미소 짓는다. 사람 냄새 물씬 풍기는 그 할머니처럼 두 손 꼭 마주 잡고 서로 애틋하게 바라보는, 사랑스러운 들꽃과 나무들이 내 눈에 들어왔다.

우주로 보면 인간은 한 점 먼지 같은 존재

어느 날, 날벼락처럼 팔레스타인 가자지구와 우크라이나의 참혹한 전쟁터에서 부모를 잃고, 가족을 잃고, 배우자를 잃고, 친구와 이웃을 잃고 그저 울부짖는 것과 죽음을 외롭게 맞이하는 것 외에는 아무것도 할 수 없는 수많은 전쟁고아 난민들처럼, 희망을 잃고 쓸쓸히 꺼져가고 사라져 가는 들꽃, 나무들도 상당수 눈에 띄었다.

각양각색의 사람이 서로 어울려 살아가듯 남양주 북한강길 10km 구간의 수많은 들꽃도 그렇게 오순도순 살아가고 있다.

과학자들에 따르면, 세상 만물은 떠도는 우주 먼지가 공동의 부모다. 자연에는 생로병사가 있어 먼지 덩어리인 생명이 이처럼 신비롭고 고결하고 아름다운지도 모른다. 도도히 흐르는 강물을 물끄러미 바라보았다. 결국엔 나도 저 한 점의 먼지로 돌아갈 텐데, 얼마나 제대로 나이 들어가고 있을까? 추하게 늙어가는 대신 곱게 익어가고 싶다면 더 품위 있고 아름답고 고귀한 사람이 되라고, 스치는 바람이 조용히 일러주었다.

유배의 불행이 낳은 세기의 사상가

한때는 강변 모래사장을 찾는 인파로 문전성시를 이뤘다는 옛 능내역에 다다랐다. 1973년 남한강 하류에 팔당댐이 생기면서 모래밭은 강물 속으로 사라졌고, 보통 역 승격이라는 감격스러움도 잠시, 능내역 낡아가는 역사는 이미 오래전부터 기차도 승객도 찾지 않는다. 옛 영화만 몇 장의 사진으로 간직한 채 쓸쓸히 녹슬어가고 있다.

능내역을 뒤로하고 당대 최고의 실학자라는 다산 정약용 생가에 이르렀다. 물고기가 물을 만난 듯 다산박물관에 들어가 그의 업적과 사상을 헤엄치며 쓸어 담았다.

1762년(영조 38)에 태어난 정약용은 남인 가문 출신으로 어려서부터 성호 이익의 학문을 접하면서 개혁 사상의 세례를 받았다. 정조 재위기에는 관료로 봉사하면서 과학자로서의 면모도 보였다.

이 시기에 천주교에 관심을 가지기 시작했고, 그로 인해 장기간의 유배 생활을 했다. 유배 중에 당시 사회의 피폐상을 직접 확인하면서 그에 대한 개혁안을 정리하여 정치·경제·사회·문화 사상을 포괄하는 거대한 학문적 업적을 남겼다. 1표 2서(경세유표, 목민심서, 흠흠신서)를 비롯한 500여 권에 이르는 방대한 저술을 남겨 조선 후기 사상사에 커다란 영향을 미쳤다.

정약용의 개혁과 애민 사상은 1표 2서에 집약되어 있다. 비록 자신의 개혁 사상을 실현할 현실적 수단을 갖지 못한 한계가 있긴

하지만, 정약용의 개혁 사상은 지방관의 경험을 바탕으로 삼은 실용적이고 실제적인 사상이다. 그는 당대의 사상적 등불이었고 백성의 삶을 어루만진 참지식인이었다.

실패도 과정으로 삼으면 성공의 밑거름

다시 발길을 재촉해 두물머리로 향했다. 한가롭고 여유로워 사색하기 좋고, 풍광도 뛰어난 곳이다. 세기의 사상가들이 모진 핍박과 배제의 고통을 견뎌내고 불후의 명저를 남긴 비결은 무엇이었을까? 감옥살이, 유배, 죽음이라는 특수한 상황에서도 끝없이 인내하고, 살아남기 위한 몸부림과 그 소망이 하늘에 닿아 기적적으로 꽃망울을 터트리게 만든 것이 아닐까? 그렇다. 우리는 살면서 생각하기, 마음먹기에 따라 실패와 좌절이 또 다른 기회와 희망으로 나를 거듭나게 하는 축복이 되는 장면을 자주 목격하지 않던가!

인생 꿀팁

건강하게 사는 5가지 신비의 약

몸에 좋은 10대 건강식품은 토마토, 브로콜리, 귀리, 연어, 시금치, 견과류, 마늘, 머루, 적포도주, 녹차라고 한다. 그런데 이 10대 건강식품보다 훨씬 효능이 좋지만 팔지도 않고 돈으로 살 수도 없는 신비의 약이 있다.

첫째, 웃으면 나오는 '엔도르핀'은 스트레스를 해소해 준다.
둘째, 감사하면 나오는 '세로토닌'은 우울함을 없애준다.
셋째, 운동하면 나오는 '멜라토닌'은 불면증을 없애준다.
넷째, 사랑하면 나오는 '도파민'은 혈액순환에 좋다.
다섯째, 감동하면 나오는 '다이돌핀'은 만병통치약이다.

웃고, 감사하고, 운동하고, 사랑하며 감동을 주고받는 하루가 되길 바라며….

등산이 왜 그리 좋은지, 친구의 물음에 답을 찾다

대구 팔공산, 갓바위 찍고 비로봉에서 동화사까지

언젠가 한 친구가 등산이 왜 그리 좋으냐고 물었다. 그때는 명쾌하게 대답하지 못했는데, 그 대답이 이제 분명해졌다. 산에 가면 저잣거리에서는 볼 수 없는 우주의 장엄함, 평소의 나한테서는 보기 어려운 호연지기를 볼 수 있다. 또 내가 얼마나 사소한 것에 목매며 살고 있는지를 깨닫게 한다.

갓바위, 1365계단을 오르며 비는 소원

팔공산八公山(1192m)은 대구와 영천, 경산, 칠곡, 군위에 이르기까지 동서로 254km에 걸친 큰 산이다.

갓바위는 팔공산 관봉冠峰 해발 850m 높이에 있고, 팔공산 케이블카가 있는 곳에서 갓바위로 오르는 주차장까지는 약 8km 정도 떨어져 있다. 해마다 수능 때면 연례행사처럼 수험생 가족들이 팔공산 갓바위를 찾아 치성을 드리느라 북새통을 이룬다.

그런 모습을 TV에서 보면서 막연히 팔공산 어느 산자락 아래 우주의 기가 크게 모인 곳이려니 생각했는데, 실제로 와보니 꽤 높은 산봉우리 정상에 갓바위가 있어서 가는 길이 만만치 않다. 고개를 오르는 내내 숨을 헐떡이면서 새삼 수험생 가족들의 정성에 경의를 보냈다.

갓바위로 올라가는 계단이 무려 1365계단이다. 갓바위 부처님이 영험하신지라 누구든 그 계단을 다 오르면 소원 하나는 꼭 들어주신다고 했다. 어떤 소원을 빌까 고민에 빠졌다. 건강하게 장수하도록 해달라고 빌까, 부자가 되게 해달라고 빌까, 가족의 화목을 위해 빌까, 멋진 글을 쓰게 해달라고 빌까. 아니면 자식들 모두 좋은 곳에 취직하고 훌륭한 사람이 되게 해달라고 빌까, 이 땅의 평화와 안녕을 위해 빌까. 많고 많은 상념 중에 지금 내가 운영하는 회사가 100년, 아니 50년만 견실하다면 그것이 뼈대가 되어, 어쩌면 그 모든 것을 해결해주지 않을까! 그 생각에 이르자 다른 모든 소원을 뒤로하고 한 계단 한 계단 오를 때마다 기도했다.

"갓바위 부처님, 석가모니 부처님! 꼭 우리 회사가 50년 이상을 살아남아 사회에 봉사하고 국가에 이바지할 수 있도록 굽어살펴주소서!"

그렇게 마음속으로 주저리주저리 읊조리면서 간절히 기도했다. 신기하게도 계속 그것을 되뇌자 그동안 매너리즘과 잡생각에 빠져 등한시했던 회사의 비전과 신념이 생생히 머릿속에 그려지기 시작했다. SNS 마케팅을 더욱 활성화하고, 사업 영역을 더욱 다각화하는 등 구체적인 구상을 떠올리게 됐다. 어쩌면 갓바위 부처님의 영험함도 있겠지만, 1365계단을 오르면서 생각하고 되뇌면서 확실하게 비전과 신념을 각인하고 구체화하기 때문에 마침내 소원을 이뤄지게 하는 영험함이 특별하게 더 발휘되는 것 아닐까? 나의 소원이 꼭 이뤄지길 기원해 본다.

그렇게 1시간 30여 분을 오르자 드디어 갓바위가 나타났다. 갓

바위는 머리 위에 갓을 쓴 듯한 자연 판석이 올려져 있어 '갓바위'로 부르며 신성시했는데, 불상의 왼손바닥에 약함을 들고 있어 이름 지어진 그 진짜 이름은 '관봉석조여래좌상'이다. 최근 3차원 스캔 조사에서 약함을 올려놓은 것이 아니라 엄지손가락을 구부려 손바닥 위에 얹고 있는 것으로 판명되기도 했다.

《화성지》에 따르면 이 약사여래좌상은 신라 선덕여왕 때 의현 스님이 어머니의 넋을 기리기 위해 조각했다. 불상의 크기는 받침대를 포함하여 6m에 가깝고 무릎 넓이는 3m가 넘는다. 불상과 받침대가 커다란 하나의 바위로 조각된 것이 특징이다. 갓을 쓴 듯한 자연 판석(보매)이 학사모와 비슷해, 기도가 수험생에게 효험이 있다고 소문이 나서 입시철이면 전국 각지에서 학부모들이 몰려든다.

하산하는 길에 반갑게 아는 체하는 사람이 있어 깜짝 놀랐다. 아래에서 세 시간이 지나도록 나를 기다리던 택시기사님이 날이 어둑해지자 한참이나 올라와서 나를 맞은 것이다. 따뜻한 마음이다. 기사님과 갓바위 부처님 이야기를 하면서 팔공산 무인산장에 도착했다. 팔공산의 기운을 받아서 그런지 모르지만 정말 편안하게 꿀잠을 잤다.

비로봉길에 더듬는, 팔공산에 얽힌 역사

다음날, 아침 7시부터 팔공산을 오르기 시작했다. 10여 분쯤 돼서 나이 지긋하신 대구 토박이 아저씨를 만났다. 나의 물음에 두 마디 이상의 대답이 이어지지 않는, 전형적인 경상도 아저씨였다. 인사를 나눈 이후 곧 우리 사이에는 어떤 대화도 더 이어질 수 없을 것이라는 느낌이 왔다. 평소 말 많은 내가 이 조용한 군자에게 불편을 주고 무례를 범하는 것 같았다. 우리는 곧 떨어져 각자의 길을 걸었다.

팔공산의 본래 이름은 '공산'이다. 고려 왕건이 후백제 견훤과 싸워 참패하면서 신숭겸 등 8명의 심복 장수를 잃고 목숨이 촌각에 달리게 되었다. 이때 인근 백성들의 도움으로 천신만고 끝에 가까스로 도망친 전장이 공산이다. 왕건은 이후 절치부심한 끝에 결국 후삼국을 통일한다. 그때부터 사람들은 공산을 팔공산이라 부르기 시작했다.

왕산(적병에 포위된 왕건이 이 산으로 올라가서 능선을 타고 세 번 만에 피신한 곳), 왕굴(왕건이 견훤에게 패한 뒤 3일 동안 숨어 지낸 동굴), 일인석, 독

좌암, 파군재, 검사동, 입석동 등이 그때 새롭게 탄생한 지명이다.

3시간 만에 정상에 올랐다. 비로봉(1192m)에서 바라본 팔공산은 웅장하고, 어딘가 모르게 숙연했다. 비로봉은 방송국 중계탑과 군부대 등으로 시야가 가려 정상의 감흥이 조금 떨어졌지만, 비로봉에서 1.2km 떨어진 하늘공원에서 바라본 운무에 둘러싸인 대우주는 참으로 황홀하고 신비로웠다.

언젠가 한 친구가 등산이 왜 그리 좋으냐고 물었다. 그때는 명쾌하게 대답하지 못했는데, 그 대답이 이제 분명해졌다. 산에 가면 저잣거리에서는 볼 수 없는 우주의 장엄함, 평소의 나한테서는 보기 어려운 호연지기를 볼 수 있다. 또 내가 얼마나 사소한 것에 목매며 살고 있는지를 깨닫게 한다.

영남 승군의 사령부, 동화사

오후 2시 예정된 미팅 시간에 맞추고자 정오 즈음에 동화사桐華寺를 찾았다. 동화사는 신라 소지왕 15년 극단화상이 창건했는데, 당시에는 '유가사'로 불렸다. 신라 흥덕왕 7년(832)에 들어서야 심지왕사가 절을 크게 증축했는데 겨울에도 오동나무꽃이 상서롭게 피어서 동화사로 개명했다. 1592년 임진왜란 때 사명대사가 이곳에 영남 승군 사령부를 설치하고 팔공산성을 쌓아 눈부신 전공을 올렸다.

동화사를 천천히 걷노라니 친구의 볼멘소리가 생각났다. 우리가 등산하는 거의 모든 산에는 사찰이 있는데, 그의 아내가 종교가 다르다는 이유로 가지 못하게 한다고 했다. 그러면서 사찰을 종교시설로 봐야 하는지, 우리의 문화로 봐야 하는지 모르겠다는 것이다. 그에 대한 대답이 거기에 있었다. 사찰은 대부분 신앙 차원에서 만들어진 건축물이지만 그 안에 불상이 차지하는 비율은 20% 정도에 불과하다. 80% 정도는 우리가 살아온 전통과 생활양식이 잘 보존된 문화공간이라고 볼 수 있다.

오후 1시 20분, 어제의 택시기사님이 동화사로 나를 태우러 왔다. 여든의 연세에 택시 운전 경력 60년의 기사님이다. 이 택시에는 내비게이션이 없었지만, 운행 속도가 빠르지도 늦지도 않게 일정했다. 약속장소에 도착한 시간도 예정대로 정확했다. 부처님이 택시기사로 현신하여 이틀 동안 나를 보살피고 인도해 준 느낌이었다.

▶ 팔공산, 나의 등산로

🌲 버스정류소 - 동화사 - 전망대 - 동봉 - 비로봉: 5.7km

좋은 산은
목마른 인생을 적시는 오아시스

서울 남산 둘레길의 경이로움

두고두고 기억에 남을 아름다운 산행이다. 더없이 멋진 친구들과 향기로운 산을 걷고 맛있는 음식을 먹으며 즐거운 이야기를 나누니, 행복이 저절로 꽃을 피운다. 좋은 산은 목마른 인생을 적시는 청량한 오아시스다.

저만치서 오는 남산의 가을

 어쩌면 저리도 고울까? 독야청청 솔숲 사이사이로 단풍 숲이 불을 질러 남산의 가을은 황홀하게 깊어간다. 서울의 주산인 남산은 그 자태가 장엄하지는 않지만, 고려청자 비췻빛 하늘에서 막 날아 나온 학인 양 고고하다.
 키 작은 수풀들로 우거진 숲을 지나자 "철갑을 두른 듯한" 소나무 군락이 나온다. 남산은 "바람서리에도 불변하여" 그 기상이 여전하다. 독립지사 같은 산이요, 민주투사 같은 산이다.
 동국대 쪽으로 접어들어 장충단 공원을 지날 때면 나도 모르게 배호의 〈안개 낀 장충단 공원〉을 흥얼거리게 된다. 안개에 젖어 떠는 바람 소리 같은 배호 특유의 허스키 저음은 가슴을 저민다.
 남산 동남 방향 중턱에 오르자 아직 설익은 단풍이 길을 따라 펼쳐지고, 저만치서 남산의 가을이 미소 지으며 오고 있다.

남산길에서 돌아보는 이런저런 세상사

정남향으로 들어서자 아기자기한 산속 연못들이 나왔다. 안타깝게도 고인 물을 갈아 주지 않아서 잉어들이 수면 위로 떠 올라 살겠다고 가쁜 숨을 내쉬고 있다. 마치 전쟁과 재해로 삶의 터전을 잃고 떠도는 난민들을 보는 것 같아 가슴이 아팠다.

산행을 함께한 모임 회장님이 오늘 밤 당장 해당 부서 인터넷에 접속해 잉어들을 살리도록 하겠다니 안심이 되었다. 정치는 말로 한다지만, 세상을 바꾸고 변화시키는 힘은 말이 아니라 행동이고 실천이지 싶다.

　배낭에 넣어온 먹거리들을 꺼내 도란도란 나눠먹으며 좀 쉬다가 발길을 북쪽으로 돌렸다.

　언제 와도 남산은 새롭고 볼거리가 많다. 힐튼호텔 쪽으로 방향을 잡자 안중근 의사를 비롯한 독립지사들의 동상이 나왔다. 남산의 소나무 같은 분들이다. 그분들의 사상과 업적을 가슴에 새기리라 마음먹는다.

　북한산이 바라보이는 전망대에서 서울을 내려다보니 감회가 새롭다. 저 세계적인 도시가 불과 70년 전에는 잿더미 폐허였다니. 전쟁은 모든 것을 무너뜨리고 집어삼킨다. 사람과 생물의 거처만 파괴하는 데 그치지 않고 사람의 영혼까지 파괴하여 폐허로 만든다. 이제는 여기서 전쟁이 터지면 아군 적군 가릴 것 없이 공멸이다. 도시고 사람이고 괴멸이다. 세계가 놀라워하는 10대 경제 대국이니, 세계 문화의 판도를 바꿔놓은 한류니 하는 것도 전쟁 앞에서는 무력하고 무의미하다.

남산에서 번영하는 한국의 상징인 서울을 바라보며 새삼 평화의 소중함을 생각한다.

두고두고 기억에 남을 아름다운 산행이다. 더없이 멋진 친구들과 향기로운 산을 걷고 맛있는 음식을 먹으며 즐거운 이야기를 나누니, 행복이 저절로 꽃을 피운다. 좋은 산은 목마른 인생을 적시는 청량한 오아시스다.

내 생애 최고 행운은
덕진 산골에서 태어난 것

고향 덕진 뒷동산에 올라 그리운 벗들 생각

뒷동산에 올라보니 반질반질하던 옛길은 흔적도 없고 수풀이 빽빽이 우거진 가운데 거미줄만 가득했다. 막대로 수풀을 헤쳐가며 동산 위에 오르자 숨겨진 옛 추억의 보물들이 쏟아져 나왔다. 50여 년 전, 숙이와 빠끔살이하던 그곳, 우리 조그마한 집 마당에는 조약돌 금줄이 아직 남아 있었다. 금방이라도 숙이가 나를 부르며 뛰어나올 것만 같았다.

내 고향 덕진리, 어린 시절의 추억

너풀너풀 빨간 미니스커트에 하얀 블라우스… 노란 캔디 머리를 손으로 빗어 올리자 색조 화장이 눈부셨다. 예쁘게 꽃단장한 '악바리' 숙이가 서울서 내려왔다. 내 기억 속 그는 마을 뒷동산 옆구리에 껌딱지처럼 붙어있는 조그만 우리 집을 아까시나무에 기대어 야릇한 미소를 지으면서 빤히 내려다보고 있었다.

코로나 사태에다 바쁘다는 핑계로 그동안 찾아보지 못한 고향 집을 아버지 기일을 맞아 방문했다. 마을 앞 코빼기산을 시골집 툇마루에 걸터앉아 하염없이 바라보았다. 문득 너무나도 예뻤던 40여 년 전 그녀의 환영이 뒷동산에서 빠끔살이 놀자며 윙크를 보내더니 나를 산으로 이끌었다.

뒷동산에 올라보니 반질반질하던 옛길은 흔적도 없고 나무며 넝쿨이 빽빽이 우거진 가운데 거미줄만 가득했다. 막대로 수풀을 헤쳐 길을 내가며 정상에 오르자 숨겨진 옛 추억의 보물들이 쏟아져 나왔다. 50여 년 전, 숙이와 빠끔살이 놀던 그곳, 우리 조그마한 집 마당에는 조약돌 금줄이 남아 있었다. 금방이라도 숙이가 나를 부르며 뛰어나올 것만 같다.

"따따따 따따따… 쾅쾅~ 쾅쾅~ 쾅!"
"유섭이 땅, 동수 땅, 승만이 땅… 내가 이겼다. 만세!"
온 동네 아이들이 TV 드라마 〈전우〉를 흉내 내느라 인민군과 국군으로 편을 나눠 일진일퇴를 벌이던 방공호의 흔적이 고스란히 남아 있다. 서로 용감한 군인 대장이 되겠다고 옥신각신하던 옛 동무들의 얼굴이 눈에 선하다. 긴 세월이 흘러 당시의 원형은 모두 사라지고 흩어졌지만 여기저기 구석구석 자취가 남아 숨 쉬고 있었다. 어린 시절의 흔적을 하염없이 바라보자니 그 시절 추억들이 아련하게 떠오른다.

머시매들은 말뚝박기나 구슬치기를 하다가 시들해지면 가시내들 고무줄 놀이 하는 데로 가서 칼로 고무줄을 끊어놓고는 도망가며 메롱거렸다. 참 귀엽던 경이가 물구나무를 섰다가 고무줄을 다리로 꼬아서 착지하는 퍼포먼스를 선보였을 때 보일락말락한 그 하얀색 꽃무늬는 지금도 생각하면 아찔하다.

기나긴 겨울밤에 남녀 친구들이 함께 모여 무슨 말인지 알아듣지도 못하는 팝송을 크게 틀어 놓고 엉덩이를 흔들어대면서, 하늘을 향해 손가락을 찔러대며 디스코 춤을 신나게 췄다. 그러다 지치면 방바닥에 뺑 둘러앉아 손에 손잡고 '치기 지치기 뽕~' 놀이

를 하는데, 자꾸 박자가 틀려서 당황한 나를 보며 웃음을 터뜨리던 희야 친구도 그립다.

찬 바람이 불면 만이네 집 사랑방 아랫목에 둘러앉아 민화투를 쳐서 점수대로 이긴 사람이 진 사람의 손목을 때리거나 머리에 꿀밤을 놨는데, 하도 꿀밤을 많이 맞아서 벌겋게 익은 단이의 이마가 눈에 선하다.

정월 대보름이면 온 동네 아이들이 다 나와 쥐불을 놓고, 청년들은 옆 동네 청년들과 한바탕 짱돌 던지기 전쟁을 벌였다. 형들을 따라나선 석이는 머리에 돌을 맞아 피를 질질 흘리면서도 "너희들 이제 다 죽었어!"를 외치며 돌진했다.

한여름 밤 별빛이 흐드러지게 피어나고 하얀 달빛이 소복이 내려앉으면 까바굴 냇물에서 남자들끼리 대충 물을 끼얹은 후, 엉금엉금 낮은 포복으로 기어서 멱감는 가시내들을 훔쳐보곤 했다.

겨울에 큰눈이 오면 작대기 하나씩 손에 들고 삼삼오오 짝을 지어 그 넓은 덕진골을 싸돌아다니며 토끼몰이를 하고, 사계절 수시로 산을 두 개 넘어 장성댐 중류 어디쯤에서 대나무 낚시로 물고기를 잡아 매운탕을 끓여 먹고 가끔 개구리도 잡아 영양 보충을 했다.

배가 출출해지는 밤이 되면 제사가 있는 집에 쳐들어가 제사떡을 얻어먹고, 때때로 과일이나 닭 같은 작은 가축을 서리하여 허기를 채웠다. 지금은 범법 행위가 돼 절대 해서는 안 될 일이지만, 그때는 서리도 웬만하면 봐주는 인정과 낭만이 있었다.

좋아한다고 고백이라도 해볼걸

고개를 돌려 뒷동산 더 넓은 덕진골을 바라보니, 마음이 먹먹해지면서 눈가에 이슬이 맺힌다. 그 당시 산골은 아궁이에 불을 때서 삼시 세끼 밥을 하고 긴 겨울을 났기 때문에 남녀노소 가릴 것 없이 땔나무를 하고 소 꼴을 베어야 했다.

중학교 2학년이 되자 할아버지가 내 지게를 맞춰 줬는데, 그 지게로 거의 날마다 꼴을 베고 나무를 해 날랐다. 나무를 지고 내려오다 눈길에 미끄러지거나 나무뿌리에 걸려 넘어지기라도 하면 나뭇짐이 데굴데굴 산 아래로 굴러 내려가곤 했다.

어떤 때는 배가 너무나 고프고 서러워서 울었다. 그런데 그 애달픈 시절의 추억이 인생의 고비마다 버팀목이 되어 주었고, 지금은 마음속 보석으로 남았다.

내 짝꿍이자 반장으로 귀공자처럼 잘생긴 읍내 친구 택이가 우리 동네에 놀러온 적이 있다. 성숙하고 이쁜 친구 미아랑 첫눈에 반해 사귀게 됐는데, 눈꼴이 시려 못 봐주겠다며 2년 선배가 몽니를 부렸다. 선배는 풍기문란 죄목으로 연대책임을 물어 야밤에 뒷동산으로 우리 친구들을 모두 불러냈다. 죽지 않을 만큼 두들겨 맞았다. 당시에는 선배가 하느님과 동기로 통할 만큼 무섭게 굴어서 아무 소리 못하고 마냥 두들겨 맞았다.

그 무렵 4H 클럽 모임에서 옆자리 그 여인의 몽롱한 향기가 너무 좋아 나도 그만 짝사랑에 빠져 버렸는데, 그녀가 형택이를 만나러 갈 때면 쓰라린 마음 다독이며 애처롭게 지켜봐야 했다. 그때 편지로라도 좋아한다고 고백이나 해볼걸 그랬다.

갈수록 쇠락하는, 서러운 고향

그러던 추석 무렵 어느 날, 내가 '그 깡패 선배 놈과 싸우면 이긴다'고 말했다는 헛소문을 어디서 주워들은 모양이다. 친구 유섭이 집에서 놀다가 방에서 나오던 나는 무방비 상태에서 두들겨 맞아 그 자리에 쓰러지고 말았다. 굵은 작대기로 온몸을 마구잡이로 때리는 바람에 바로 쓰러졌고, 꼬박 1주일을 병원에서 보내야 했다.

우리 부모님은 그렇게 이유 없이 아들이 두들겨 맞았는데도 동네 종갓집 그 건달 놈의 뒤끝이 염려되었는지, 아니면 그의 인생이 불쌍해서 그랬는지 경찰에 신고도 하지 않았다. 사과도 받지 않았고, 심지어 병원비도 우리 돈으로 치렀다. 나는 평생 그게 한으로 남았다. 강한 자만이 살아남을 수 있다는 것을 깨달았고, 다시는 당하지 않으리라 다짐하고 또 다짐했다.

그 뒤로 나를 건드리거나 부당하게 시비를 거는 자가 있으면 최소 10배, 100배로 갚아줘 다시는 나를 얕보지 못하게 했다. 이렇게 눈물도 서러움도 많았던 어린 시절이었다.

그래도 날마다 우리 마을 조무래기 애들은 교과서 외에는 만화나 동화 등 책 한 권 구경도 못했지만, 대자연에서 시끌벅적 떠들고 사람 냄새 맡으며 재미나게, 사람답게 살았다.

강산이 몇 번이나 변할 만큼 세월이 흐른 지금의 고향은 텅 비어 적막하다. 그 많던 친구, 이웃들은 다 어디 갔을까. 60여 가구에 350여 명이나 살던 마을에 지금은 6가구 10명만 산다. 그것도 대부분 나이 여든이 넘은 어르신들뿐이다. 아마 몇 년 더 지나면 마을은 인적이 완전히 끊기고 산짐승 울음만 번성할 것이다.

겨울

감옥을 둘러싼 산마다 눈이 쌓여 바다인데
이불은 쇠처럼 차갑고 꿈은 재로 스러지네
철창으로도 끝내 가둘 수 없는 것이 있으니
눈 오는 밤 어디선가 들려오는 종소리라네

_ 한용운, 〈설야(雪夜)〉

그 겨울,
설산이 나를 일으켜 세우다

눈꽃 덮인 남덕유산, 생동하는 우주의 기운

니체가 "지금의 내 고통으로 죽음에 이르지 않는다면 나는 한 움큼 성장한다"고 했듯이 어쩌면 지금 내가 겪는 고통은 나를 보다 큰 사람으로 키우고 인생을 더 풍요롭게 해주는, 신이 내리는 선물이 아닐까?

다시 살기 위해 나선 남덕유산 산행

　평온했던 김희범의 우주에 엄청난 충격파가 밀려왔다. 소행성이 떨어져 모든 것이 초토화되더니 후폭풍으로 엄청난 쓰나미가 몰려왔다. 광활한 폐허를 헤매다 지쳐 쓰러진 내 영혼은 시도 때도 없이 몰아치는 불안과 걱정, 스트레스의 융단폭격을 받아 수없이 넘어졌다가 또 일어나기를 반복했다.

　책을 읽지 못하고 글을 못 쓰게 된 것은 물론이고 잠조차 잘 수 없었다. 회사 생각에 온몸이 부들부들 떨리고 눈앞이 캄캄해지고 다리가 휘청거렸다. 그런데도 겉으로 보기에는 멀쩡하게 먹고 걷고 웃고 말하며 견뎌내고 있었다.

　극심한 불황기를 겪던 지난겨울, 그렇게 1분 1초가 10년, 100년 같은 날들이 지나갔다. 힘겹게 겨울의 한복판을 관통하는 동안 살을 에는 추위와 폭풍 같은 눈보라가 들이쳤다가 몰려갔다. 그리고 또 어김없이 동쪽에서 해는 뜨고 휴일이 찾아왔다.

 불현듯 다 타서 시커먼 재로 남은 나를 털어내 눈부신 설산에 묻어버리고 싶다는 생각을 했다. 참으로 오랜만에 절친 산행 대장에게 전화를 걸었다. 그렇게 남덕유산 설산 산행에 나섰다.

 새벽 6시 50분, 서울 사당역에서 출발한 산행 버스가 10시 15분 남덕유산 남쪽 주차장에 도착했다. 주차장은 전국에서 설산을 보러 온 사람들과 차량으로 이미 북새통이었다.

 눈 앞에 펼쳐진 남덕유산을 바라보았다. 눈 덮인 하얀 산. 보는 것만으로도 마음이 환해지고 맑아진다. 정말 얼마 만에 느껴보는 상쾌함인가!

아! 눈꽃 세상, 다시 생동하는 기운

 남덕유산南德裕山은 경상남도 거창·함양, 전라북도 장수에 걸친 1507m 높이의 멋진 산이다. 지리산 다음으로 넉넉하고 덕이 있다고 하여 덕유산이라고 하였는데, 덕유산 연봉들이 남쪽 끝자락에 위치한다고 하여 남덕유산이라고 부른다. 남덕유산은 덕유산의 최고봉인 향적봉(북덕유산) 남쪽에 있는 덕유산 제2봉을 가리킨다. 주봉인 향적봉을 중심으로 삼봉산에서 시작하여 대봉, 덕유평전, 중봉, 무룡산, 삿갓봉 등 해발 1300m 안팎의 고봉들이 줄지

어 솟아 있다.

  산의 동·서 비탈면에서는 황강과 남강 및 금강의 상류를 이루는 여러 하천이 시작되어 굽이굽이 흐르다 낙동강과 금강에 이른다. 계곡은 8곳이 있는데, 북동쪽 무주와 무풍 사이를 흐르면서 금강의 지류인 남대천으로 흘러드는 무주구천동 30km 구간은 전국적으로 널리 알려진 명소다. 무이구곡을 비롯한 구천동 33경과 칠연폭포, 용추폭포 등이 장관이다.

  6월 초순에는 20km의 능선과 등산로를 타고 펼쳐지는 철쭉 군락이 유명하다. 여름이면 시원한 구천동 계곡이 피서객들로 가득 차고, 가을에는 붉게 물든 단풍이, 겨울에는 눈 덮인 구상나무와 주목, 바람에 흩날리는 눈보라가 장관이다.

  우리는 어느새 가파른 남덕유산의 하얀 설산을 한발 한발 오르고 있었다. 등산화를 신고 눈길을 밟는 그 느낌, 참 보드랍고 시원하다. 이렇게 가파르고 미끄러운 눈길을 걷는데도 하나도 차갑지 않다니…. 역시나 내가 좋아하는 산행은 모든 걸 감싸 안고 품어주는 편안한 아내처럼 숯검정이 되어버린 내 마음을 한 꺼풀 한 꺼풀 꺼내어 깨끗하게 씻겨주었다.

  따뜻한 가족의 품에 안긴 듯 행복한 기분으로 남덕유산의 큰 능선을 넘자 눈앞의 풍경은 그 전과 확연히 달라진다. 응달진 곳에는 어김없이 하얀 눈을 머리에 가슴에 다리에 어깨에 이고 지고 있는 하얀 눈꽃 송이 나무들이 나에게 어서 오라며 미소를 머금는다.

바람에 날린 눈이 수풀에 들러붙어 꽃으로 피었다. 온통 눈꽃 천지다. 아, 아름답구나! 미치도록 아름답구나!

인생에서는 누구나 다 영웅이다

먼저 J. 시골의 가난한 집에서 태어나 자수성가하여 대형 펌프카 여러 대를 보유한 사업가로 성장했다. 그런데 원청 대형건설사들이 IMF 사태로 한순간에 무너지면서 공사대금으로 받은 수억 원의 어음이 휴짓조각으로 변했다. 순식간에 회사와 집이 경매로 헐값에 넘어가 길거리에 나앉게 되었다.

술과 담배로 세월을 탕진하며 세상을 원망하며 살던 어느 날, 이렇게 살아서 뭐 하느냐며 술에 취해 시속 200km로 가속한 차의 핸들을 한강 다리를 향해 확 꺾어 버렸다. 그런데 기적적으로 한강 다리 인도 턱에 차바퀴가 먼저 받치면서 운전자인 자신은 차에서 튕겨 나와 가벼운 상처만 입었지만, 하늘로 튀어 올랐다가 2차로 한강 다리 안전 교각 펜스를 들이받은 차는 형편없이 부서져 폐차했다.

그렇게 살아남은 J는 죽는 것도 쉽지 않다는 것을 깨닫고 배달 일부터 시작해 삶의 터전을 다시 닦았다. 이어 식당과 슈퍼마켓 점원 등 닥치는 대로 일하다가 누수 방수공사 기술을 배워 기술자가 되었다. 지금은 기술 현장 소장으로 근무하면서 행복하게 산다.

S도 빼놓을 수 없다. 부농 집안 막내아들로 태어나 명문 공고에 입학해 우수한 성적으로 졸업했다. 몇 년 동안 작은 회사에 들어가 기술을 배우고 익힌 뒤 젊은 나이에 기계설비 회사를 차렸다. 뛰어난 재주와 타고난 성실함으로 사업은 나날이 번창하여 수도권 주요 학교 공사를 대부분 수주했다. 지자체나 정부 기관에서 인정받을 정도로 사업 기반이 탄탄해졌다. 게다가 학교 선생님으로 근무하는 아름다운 배필까지 만나 단란한 가정을 꾸렸다.

그러나 세상은 수시로 변하고 인생은 내일을 알 수 없는 안개 속이다. 학교 공사가 수의계약에서 경쟁 입찰로 바뀌면서 공사 수주가 급격히 줄어들자 50명이나 되는 직원을 놀릴 수 없어 대형건설사 하도급을 맡았다. 그러는 중에 원청 건설사의 부도로 공사대금을 받지 못하고 받아놓은 어음까지 휴짓조각이 되면서 모든 것을 잃었다. 하지만 그런 상황에서도 그는 전 재산을 털어 협력업체와 직원들의 급여와 미수금을 모두 지급하고 신용을 지켰다.

이렇게 빈털터리가 된 S는 꼬박 일 년을 골방에서 천장만 바라보며 시체처럼 살았다. 어느 날, 이렇게 살아서 무엇하냐며 갑자기 죽고 싶다는 생각이 몰려왔다. 집을 나가는 못난 아비를 보고는 '아빠 나랑 같이 가' 방긋 웃는 어린 막내딸을 차마 뿌리칠 수 없어 막내딸을 가슴에 안고 하염없이 한강 다리 밑 차가운 물살만 바라보다가 다시 골방으로 돌아왔다. 남들이 바보라고, 패배자라고 손가락질하는 것 같고, 세상이 무섭고 사람들이 무서워 골방을 박차고 나올 수가 없었다.

S의 이런 못난 모습에 희망을 잃어버린 아내는 두 딸을 데리고 캐나다로 도피성 유학을 떠나버렸다. 그리고 그 뒤로 일 년이 더 지나서야 S는 가까스로 세상으로 걸어 나올 용기가 생겼다.

S는 택시 기사로 일하던 중 국민연금 800만 원을 한 번에 받아 그 돈으로 중고 트럭과 공구를 사서 재기에 나섰다. 뛰어난 능력과 성실성으로 밤낮없이 일한 덕분에 재기에 성공한 그는 잃었던 것들을 다시 찾았다. 그는 이제 친구들을 만나면 항상 밥을 살 수 있다며 웃는다. 그 모습이 꼭 저 눈꽃 송이 풍성한 나무를 닮았다.

마지막으로 E. 그는 부잣집 둘째아들로 태어났다. 아버지는 그가 공부로는 대성하기 어렵다고 보고 대구 서면시장 안에 실 도매점을 차려주었다. 20대 초반의 미남이자 싹싹한 젊은 사장님이 귀엽기도 하고 인사성도 밝아 전국 각지의 소매상 여사장님들이 금방 그 가게로 몰려들었다. 그 덕분에 매일 현찰로 양동이가 넘칠 정도의 돈을 쓸어 담았다. 그때는 세상 무엇 하나 무서울 것도 부러울 것도 없었고, 영원히 잘 나갈 줄 알았다.

장사는 직원들에게 맡겨놓고 1970년대에 날마다 빳빳한 현금 100여만 원을 장지갑에 넣고는 낮에는 오토바이에 예쁜 아가씨들을 태우고 다녔다. 밤이면 친구들과 어울려 2차, 3차로 이어지는 술자리에서 돈을 물 쓰듯 뿌렸다. 아들의 방탕한 생활이 걱정된 아버지의 잔소리와 성화가 커지자 젊은 혈기를 주체하지 못하고 반발심으로 그 좋은 가게를 싼 가격에 몰래 팔아버리고는 가방에 돈다발을 담아 무작정 속초로 떠났다.

그런데 어떻게 귀신같이 돈 냄새를 맡고 찾아온 것인지 선원들과 노름꾼의 꾐에 빠져 단 6개월 만에 그 많은 돈을 노름판에서 다 날려버렸다. 옷과 신발까지 탈탈 털리고 그야말로 알거지가 되었다. 겨우 차비를 구걸하여 고향 집으로 돌아왔지만 화려한 시절은 다시 오지 않았다.

E는 그렇게 무일푼이 되고, 그 뒤로도 몇 번 사업을 말아먹었다. 하지만 그는 좌절하지 않고 오뚝이처럼 다시 일어났다. 아이스크림 가게, 새시 공장, 신발가게 등을 거쳐 마지막으로 자기 적

성에 맞는 냉각탑 기술을 배워 지금은 우리나라에서 둘째가라면 서러워할 냉각탑 소장으로 성공했다. 무겁고 차가운 눈꽃 송이를 잔뜩 이고서도 속으로는 푸르른 저 겨울 산의 나무처럼 불굴의 투지로 재기에 성공한 것이다.

세 영웅의 인생사를 추억하다 문득 정신을 차려보니 벌써 남덕유산 1507m 정상이다. 굽이굽이 광대하고 장엄하게 펼쳐진 눈 덮인 설산을 찬찬히 바라봤다. 참으로 아름답고 멋진 절경이다. 저 아름다운 남덕유산 풍경과 나 자신을 비교해 돌아봤다. 저 광활한 우주에서 보면 나는 한 점 티끌이고, 그런 내가 가진 근심 걱정도 먼지 같은 것인데 이리 호들갑을 떨고 있지 않은가 말이다!

몸도 사업도 다시 살 기운을 준 남덕유산

산골에서 태어나 여러 형제자매 중 나 혼자만 어머니가 주신 돈으로 대학을 나왔다. 그리고 바로 대기업에 들어갔고, 풍족하진 않았지만 부족하지 않게 살았다.

비교적 늦은 나이에 사업을 했지만, 남들의 우려와는 달리 남에게 아쉬운 소리 않고 지금까지 큰 어려움 없이 사업을 영위하며 여기까지 잘 왔다. 그런데 내 인생 처음으로 창업 12년 만에 큰 시련이 찾아왔다.

　3년간 코로나 사태로 매출이 정체하더니 연이어 우크라이나 전쟁, 중동 전쟁에 따른 불확실성으로 세계 경제가 침체의 늪에 빠졌다. 긴 병에 장사 없다고 건설 경기 불황이 쓰나미처럼 몰려오고, 겨울철 비수기까지 겹쳐 회사 창립 이후 처음으로 수개월 간 매출이 수직으로 격감했다. 사람으로 보자면 혈맥인 자금이 잘 돌지 않게 된 것이다.

　학생 시절 어머니가 주신 눈물 어린 돈은 일찍 알았지만, 정말 난생처음 돈이 주는 위력과 소중함을 뼈저리게 느껴보고서야 돈이 무엇인지를 알았다. 사람은 언제나 영원히 모든 것이 잘 될 수는 없으니 늘 유비무환 해야 한다는 것을 뼈저리게 배웠다.

　지게에 무거운 짐을 져보면 알듯이 처음 짐을 지고 일어나기 위해서는 얼마나 힘이 들던가! 옆에서 누가 밀어주고 잡아주면 어떻게라도 일어나 앞으로 나아가듯이, 살면서 얻는 작은 도움이 얼마나 고마운지도 새삼 깨달았다. 그래서 여생을 사랑하는 가족과 더 재미있게 살고, 어려운 사람을 돕고 살겠다는 새로운 다짐도 해본다.

지금껏 겪어온 고난도 그렇지만, 앞으로 겪을 고난도 마음먹기에 따라서 재앙일 수도 있고 축복일 수도 있겠다는 생각이 들었다.

신기하게도 남덕유산을 다녀온 한 주 내내 그렇게 오매불망 기다리던 대기업 및 관공서, 공장 등에서 문의가 쏟아져 들어왔고 그 가운데 절반 정도의 공사를 수주했다.

이 글을 쓰고 있는 오늘이 입춘이다. 참 따뜻하고 포근하다. 이제 어엿한 새봄이다. 이제 어둠의 긴 터널을 뚫고 기지개를 활짝 켜고 청룡이 더 넓은 창공을 활짝 날아갈 날도 멀지 않았나 보다. 그래. 그게 세상사의 원리 아니던가! 역시 등산은 언제나 힐링과 희망을 준다. 남덕유산아! 고맙고 고맙다.

다시 일어서게 하는 마음가짐

- 삶이 힘들어 포기하고 싶을 때 새겨야 할 마음가짐 10
  1. 이 또한 지나간다.
  2. 기회는 위기의 모습으로 찾아온다.
  3. 지금 힘든 것은 단지 지나가는 먹구름이다.
  4. 가장 큰 성공은 가장 큰 실패에서 나온다.
  5. 모든 성공은 끈기로 시작된다.
  6. 희망은 어둠 속에서 피어난다.
  7. 오늘은 어제의 꿈이고 오늘의 행동이다.
  8. 과거는 이미 사라졌고 미래는 아직 오지 않았다.
  9. 숱한 경험이 삶의 지혜와 통찰력을 키운다.
  10. 나 자신을 믿고 기회를 잡아라.

- 삶이 지옥 같을 때 다산 선생이 되새겼다는 마음가짐 10
  1. 분노는 독한 술과 같아서 나를 집어삼킨다.
  2. 기적은 힘차게 내딛는 첫걸음에서 시작하고, 포기하고 싶은 순간에 내딛는 마지막 걸음에서 완성된다.
  3. 스스로 생각하며 길을 걸어야 앞의 풍경이 새로워진다.
  4. 오늘을 고치지 않고서는 내일을 기대할 수 없다.
  5. 두려워할 만한 것은 두려워하고, 맞서야 할 만한 것은 맞서는 것이 참된 용기다.
  6. 실수를 인정하는 것은 어렵지만, 길이 멀다고 해서 거꾸로 걸을 수는 없다.
  7. 인간은 격하게 행동할 때가 아닌, 잠시 멈출 때 오히려 길을 찾는다.
  8. 나를 깨닫는 과정은 나를 아는 것에서 시작한다.
  9. 어른은 축적된 지식이 아니라 드러난 태도로 증명된다.
  10. 희망이란 이전으로 돌아가는 것이 아니라, 이전과 확실하게 결별하는 것이다.

▶ 남덕유산, 나의 등산로

영각매표소 - 전망대 - 봉황봉 - 월성치 : 4.8km

권력 무상,
열흘 붉은 꽃 없네

중국 시안, 화산의 절경과 유서 깊은 역사

세상에 세월을 이기는 존재는 없다. 세월 앞에서는 권력도 영화도 그저 한바탕 찰나의 꿈일 뿐이다. 그러니 인생을 허비하지 말고 근심 걱정일랑 놓아 버린 채 소중한 이들과 더불어 더욱 겸허하고 멋지게 살아야 하지 않겠는가! 나는 화산 정상에서 그 장대한 절경에 그만 넋을 잃고 말을 잃었다.

국제도시로 로마와 쌍벽을 이룬 당나라 수도 장안

2023년 12월, 절친한 벗들과 함께 중국 산시성의 시안西安을 다녀왔다. 중국 역사에서 빼놓을 수 없는 시안의 명승지를 방문하고 중국 5악五岳 중에 으뜸이라는 화산華山을 오르기 위해서였다.

시안은 젊었을 때부터 내 호기심을 자극한 도시다. 군 복무 시절, 재미있게 읽은 책이 《초한지》다. 그 두 주인공인 유방과 항우가 패권싸움을 벌인 주 무대가 바로 시안이다. 또 시안은 찬란한 문화를 꽃피웠던 옛 당나라의 수도이자 국제도시로 당시에는 장안長安이라고 했다. 대도시의 대명사가 될 정도로 번창한 장안은 누구나 한 번쯤 가보고 싶어 할 만큼 국제적이었다. 요즘 말로 핫한 글로벌 도시였다. 당시 서양에 로마가 있다면 동양에는 장안이 있어 쌍벽을 이루었다.

그런가 하면 시안은 중국 현대사의 중요한 장면이 펼쳐진 곳이기도 하다. 이른바 '시안 사변'.

동서 문명 교류의 고속도로, 실크로드

첫 여정으로, 동서양을 이어주던 실크로드의 출발지를 찾았다. 이곳 시안에서 1년이면 5~10번씩 낙타를 타고 대규모 상단이 서역으로 출발했다. 실크로드의 기점에 들어서자 비단과 도자기를 가득 싣고 이제 막 길을 떠나려는 대상隊商을 형상화한 대형 조형물이 눈길을 사로잡는다.

실크로드Silk Road는 중국 중원中原지방에서 시작하여 하서회랑河西回廊을 가로질러 타클라마칸 사막의 남북 가장자리를 따라 파미르고원, 중앙아시아 초원, 이란 고원을 지나 지중해의 동안과 북안에 이르는 장장 6400km의 교역로다. 비단, 칠기, 도자기 같은 물품과 양잠, 화약 기술이 이곳 시안에서 서역으로 전해졌다. 특히 종이 만드는 기술이 서역에 전해지면서 인쇄술 발달과 지식 보급의 원동력이 되었다.

시안의 첫날밤, 아름답고 장엄한 시안성벽에 압도당했다. 고즈넉한 분위기에 웅장한 시안성벽에서 현란하게 춤추는 빛의 향연이 아름다웠다. 시안성벽은 현존하는 최대 규모의 옛 성벽이다.

영원불멸의 욕망, 진시황릉과 병마용갱

여정 이틀째, 시안에서 동쪽으로 35km 떨어진 여산酈山에 있는 진시황릉과 병마용갱을 찾았다.

병마용갱은 진시황릉 주변에 있는, 흙으로 만든 호위무사들의 무덤이다. 지금까지도 발굴이 진행 중인데, 정작 황릉으로 추정되는 언덕은 아직 손도 대지 않았다. 후손들을 위해 발굴기술이 완벽해질 때까지 발굴하지 않기로 했기 때문이다.

관람객들에게 공개된 병마용갱은 무덤 주변에 구덩이를 파고 병마용을 넣은 후 다시 묻은 것이다. 산산조각 난 병마용을 복원 중이었는데, 부서지고 흩어진 1~3호 병마용갱의 병마용들 복원에만 수십 년 이상이 걸릴 것이라고 했다.

진시황릉은 전 세계에서 부장품이 가장 많은 무덤이다. 특히 토용土俑을 많이 만들었는데, 병용兵踊이 가장 유명하다. 완성된 토용은 계급과 역할에 맞춰서 진형대로 구덩이에 배치되었다. 지금 내 눈앞에 있는 거대한 산 전체가 무덤이다.

진시황은 역사상 가장 강력한 권력자로 군림하면서 영원히 살고자 했지만, 그 역시 죽음만은 피하지 못했다. 그도 결국 부처님 손바닥 안에서 허우적대는, 한낱 연약한 인간일 뿐이었다. 그가 죽은 지 불과 10년도 안 되어 진나라는 역사 속으로 사라졌다.

그러고 보니 지금 눈앞의 거대한 산이 통째로 무덤이다. 문득 회한이 몰려왔다. 아! 제아무리 막강한 황제라도 태어날 때는 순진무구한 아기였을 텐데… 인간의 욕심은 참으로 끝이 없는가 보다. 권력 강화를 위해 분서갱유를 하고, 영원한 황제로 남기 위해

병마용갱을 포함한 거대한 무덤을 만들고, 도굴을 염려해 그 무덤을 조성한 수많은 인부를 생매장하기까지 했건만 그 역시 죽음은 피하지 못했다. 진시황도 결국 부처님 손바닥 안에서 허우적대는 나약한 인간일 뿐이었다.

그런데도 후세 사람들은 이 '탐욕의 끝판왕'을 보기 위해 오늘도 그의 무덤 앞에 문전성시다. 그 탐욕의 현장을 직접 보고 교훈을 얻어 탐욕을 조금이라도 내려놓을까? 아니면 본인도 그 탐욕의 끝판왕이 되고 싶어 할까? 솔직히 말하면 나 역시 그 탐욕의 끝판왕이 되고 싶은, 한 사람이 아니던가!

화무십일홍 권불십년

여산 아래에 당나라 황제 현종과 양귀비가 사랑을 나누었다는 화청지華淸池가 있었다. 서시, 왕소군, 초선과 더불어 중국의 4대 미인으로 꼽히는 양귀비는 이름이 양옥환이다. 그녀는 가무에 능하고 미모가 출중해 열일곱에 당 현종의 18번째 아들인 수왕 이모의 비가 되었다.

그로부터 6년 후, 연회에서 춤을 추는 스물세 살의 양옥환을 본 현종은 그만 사랑의 불길에 휩싸이고 말았다. 예순을 바라보는 나이였다. 그날로 현종의 후궁이 된 양옥환은 수년 후에 귀비 책봉을 받았다. 명색은 귀비였지만 사실상 황후 노릇을 했다. 즉위 초기에는 '개원의 치'開元之治로 칭송을 받을 만큼 선정을 베푼 현종은 양귀비를 만나면서 문란해져 국정을 망쳤다. 환관이 국정을 농단하고 탐관오리가 백성을 수탈하여 천하 민심이 흉흉해졌다.

현종은 양귀비를 사람의 말을 이해하는 꽃, 해어화解語花라 부르며 오로지 그녀 하나를 기쁘게 하려고 국력을 낭비했다. 양귀비는 그런 현종의 총애를 업고 온갖 위세와 호사를 누렸다. 하지만 화무십일홍 권불십년花無十日紅 權不十年이었다. 그녀는 안녹산의 난으로 비참한 최후를 맞았다.

양귀비의 6촌 오빠 양국충과 안녹산 사이에 권력 투쟁이 벌어졌다. 안녹산은 변방에서 군사를 몰아 장안으로 쳐들어왔다. 안녹산의 난이다. 현종이 양귀비를 데리고 서쪽으로 피신했다. 현종의 가마가 마외파에 이르렀을 때, 호위하던 병사들이 나라를 망친 양귀비와 그 일족을 죽이지 않으면 한 발짝도 나가지 않겠다고 주저앉았다. 현종은 목숨보다 아끼던 양귀비가 환관 고력사에게 끌려 나가는 것을 멍하니 바라볼 수밖에 없었다. 756년 6월 15일, 양귀비는 불당 앞 배나무에 비단 끈으로 목매 죽었다. 그녀의 십 년 권세가 그렇게 끝났다. 아직 창창한 38세였다.

지금도 따뜻한 온천물이 365일 흘러나오는 화청지에는 현종과 양귀비의 얼굴이 조각돼 있다. 화려한 목욕탕과 침실도 있다. 처절하고 애틋한 사랑이다. 남녀 간 사랑은 신분과 국경, 나이도 뛰어넘을 만큼 오묘하지만, 또 그렇게 쉽게 깨질 수 있는 것이 사랑이다.

여정 사흘째. 당나라 황궁으로 쓰였다는 대명궁大明宮 터를 찾았다. 220년 동안 당나라 황제들의 거처로 사용된 대명궁은 1957년에야 발견되었다. 2000여 년 전, 세계에서 가장 큰 도시 장안의 한복판에 있던 대명궁은 으리으리했을 것이다. 대명궁이 완전히 복원되면 자금성보다 훨씬 규모가 클 것이라고 했다. 하지만 그 화려했던 왕궁도 지금은 한 줌 흙이 되었다. 세월 앞에서는 그 모든 것이 작은 먼지에 불과한 것이다.

대명궁을 돌아본 후 이슬람을 믿는 부족이 운영하는 회족거리를 방문한 뒤 만두로 저녁 식사를 하고 오페라를 감상했다. 회족은 소수민족 중 하나로 중국 최대 이슬람교도 집단이다. 회족은 돼지고기를 먹지 않기 때문에 이곳 음식점에서는 그 흔한 돼지고기 요리를 찾아볼 수 없었다. 이슬람교의 상징인 모스크와 하얀 모자를 쓴 회족의 전통이 여전히 남아 있어 인상적이었다.

넋을 잃게 하는 황산의 절경

여정 나흘째, 드디어 이번 여정의 하이라이트인 화산華山을 만나는 날이다. 화산은 시안과 뤄양洛陽 사이에 있다. 화산은 아찔한 벼랑을 이룬 기암괴석이 형언할 수 없도록 장엄하다. 우리는 긴 케이블카를 타고 뾰족뾰족하고 깎아내린 듯한 바위를 아슬아슬하게 수없이 넘고 또 넘었다. 저렇게 큰 바위에 올라타 무서움도 모르고 독야청청하는 저 나무들은 무슨 배짱이 저리도 좋단 말인가! 보면 볼수록 장관이다. 친링秦嶺산맥 동단에 아찔한 높이로 솟은 화산 옆으로 위수渭水가 흘러 더욱 웅장하게 느껴졌다.

서악西岳으로도 불리는 화산은 오악五岳 가운데 가장 높고 험준하다. 화산 등산로는 딱 한 가닥으로 상당한 난코스에 속한다. 화산을 대표하는 조양봉朝陽峰, 낙안봉落雁峰, 연화봉蓮花峰, 운대봉雲臺峰, 옥녀봉玉女峰 이 다섯 봉우리가 마치 선인仙人의 손가락처럼 우뚝 솟아 있다.

화산은 사계절 다양한 풍경이 펼쳐지고 기후도 특이하다. 봄철의 산정은 비가 많고 안개가 짙어 항상 구름바다를 이룬다. 여름은 기온이 높지만, 더위를 식힐 자연자원이 풍부하다. 가을은 온도가 적당해 등산하기에 좋다. 겨울은 산에 눈이 많고 산세가 험해 등산하기가 어렵다.

케이블카로 40분, 걸어서 30분 만에 드디어 2086.6m 화산 정상에 올랐다. 저 멀리 펼쳐진 옛 당나라의 수도 장안을 바라보았다. 천하를 떨게 한 진시황의 권력도, 현종과 양귀비가 벌인 세기의 염문도 이곳 화산의 정상에서 보면 다 한 줌 흙이요, 흘러가는 구름이며, 스치는 바람일 뿐이다.

세상에 세월을 이기는 존재는 없다. 세월 앞에서는 권력도 영화도 그저 한바탕 찰나의 꿈일 뿐이다. 그러니 인생을 허비하지 말고 근심 걱정일랑 놓아 버린 채 소중한 이들과 더불어 더욱 겸허하고 멋지게 살아야 하지 않겠는가! 나는 화산 정상에서 그 장대한 절경에 그만 넋을 잃고 말을 잃었다.

▶ 화산, 나의 등산로

해야 솟아라,
붉게 솟아서 새날을 밝혀라

고흥 팔영산에서 맞은 새해 첫날 해돋이

팔영산은 여덟 봉우리의 그림자가 저 멀리 한양에까지 드리워져서 붙은 이름이라고도 하고, 금계가 울고 날이 밝아오면서 붉은 해가 바다에 떠오르면 여덟 봉우리가 마치 만 경창파에 떨어진 인쇄판 같다고 해서 붙은 이름이라고도 한다.

새해 해돋이와 함께한 팔영산 등반

2023년 새해 남녘 바다의 해돋이를 보기 위해 서울 사당역에서 2022년 마지막 날 밤 11시 30분, 남녘으로 향하는 버스에 몸을 실었다. 버스는 2023년 새해 첫날 새벽 4시쯤 다도해 해상국립공원의 백미라는 고흥 팔영산 기슭에 닿았다. 달빛도 없는 캄캄한 밤, 마치 우주의 미로처럼 암흑의 세계에서 광명을 찾아 헤매듯 천 길 낭떠러지 바위산 팔영산을 헤드 랜턴 하나에 의지해 산행을 시작했다.

제1봉: 선비의 그림자를 닮은 유영봉(491m), 제2봉: 팔영산을 지켜주고 주인 되신 성주봉(538m), 제3봉: 아름다운 바람 소리 그윽한 생황봉(564m), 제4봉: 동물의 왕 사자처럼 다부진 사자봉(578m), 제5봉: 다섯 명의 늙은 신선들이 춤을 추는 듯한 오로봉(579m), 제6봉: 천국을 향하는 통천문이 있는 두류봉(596m), 제

7봉: 북두칠성의 정기가 찬연한 칠성봉(598m)을 차례대로 온몸으로 부둥켜안고 느끼면서 드디어 아침 7시 20분, 3시간여 만에 칠성봉 정상에 발을 디뎠다.

싸늘한 적막 속에 시간은 흐르고, 동쪽 하늘이 시나브로 밝아오더니 마침내 붉은 해가 그림처럼 솟았다. 온 세상 어둠이 삽시간에 걷히고 광명 세상이 활짝 열렸다.

품격 있는 삶

그 짧은 찰나에 최근 어릴 적 마음의 지주였던 친구 아버지, 왠지 모르게 어두웠던 착한 친구가 생각났다. 늦장가를 가면서 해맑게 웃던 친구는 가정의 행복을 맛보기도 전에 세상을 떠나버린 아

내를 슬픔으로 보내야 했다. 내 나이가 벌써 환갑, 앞으로 건강하게 살 나이가 길어야 20년도 안 될 텐데, 근사하게는 살지 못할망정 쩨쩨하고 어리석게는 살지 말아야 할 게 아닌가 하는 생각이 든다.

문득 거침없는 성품에 무애행으로 유명한 조선 중엽의 고승 진묵대사(1563~1633)의 호방한 시 한 수가 떠오른다.

하늘을 이불 삼고 땅을 침대 삼으며 산을 베게 삼아 天衾地席山爲枕
달빛은 촛불 되고 구름은 병풍이며 바닷물은 술통이라 月燭雲屏海作樽
크게 취해 일어나 한바탕 신나게 춤을 추고 일어나니 大醉居然仍起舞
긴소매 옷자락이 곤륜산 자락에 걸릴까 걱정이구나. 却嫌長袖掛崑崙

장엄한 저 태양만큼은 아닐지언정, 무릇 대장부라면 이 정도는 호호탕탕하게 살다 가야지! 그러다 불현듯 어쩌면 이렇게 사는 사람이 바로 내 위 형이 아닐까 하는 생각이 들었다. 형은 2022년 12월 30일에 38년간의 경찰 봉직을 마감하는 퇴임사에서 후배 경찰관들과 행사장에 모인 지인들에게 이런 말을 남겼다.

　감사 인사를 드립니다. 세상 물정 모르는 젊은 혈기로 경찰에 입직한 지 어느덧 38년이 흘렀습니다. 그동안 거친 세파와 풍랑 속에서 긴 항해를 함께했던 선후배, 동료 경찰관님! 파란 하늘, 시원한 미풍의 아름다운 항해를 여기서 모두 마칩니다. 이제 사랑했던 직장과 선후배님들을 뒤로하고 인생 제2막을 출발하려 합니다. 그동안 경찰로서 자랑스럽고 행복했습니다. 지난 시간을 뒤돌아보면 거친 파도와 풍랑 속 선후배님들은 제게 항상 꺼지지 않는 등불, 나침반이었습니다. 정말 여러분이 곁에 있어서 긴 항해를 안전하고 행복하게 마칠 수 있었습니다. 진심으로 머리 숙여 감사드립니다. 비록 현역에서 물러나지만, 영원한 경찰로서 저 자신에게 하고 싶은 말이 있습니다. 경찰은 자랑스러운 대한민국 치안의 마지막 보루이자 국민 안전의 선봉장, 파수꾼이기 때문에 항상 품의와 자부심을 잊지 말자는 것입니다. 그것이 대한민국의 인격이자 품격입니다.

　어쩌면 지겹고 힘들었을 38년의 경찰직을 마감하면서까지 경찰의 자부심과 명예를 잊지 않겠다는 그 말이 신선하고 아름답게 다가왔다. 같은 부모에게 나서 같은 환경에서 자랐는데 어떻게 나와 이렇게 다른 인생을 살아갈 수 있을까?

나는 나에게 조금 불리하고 해가 된다고 여겨지거나 생각이 다르면 그 알량한 지식과 만용으로, 정의와 명분이란 이름으로 얼마나 상대편을 깔아뭉개고 심한 언사로 아픔을 주며 살아왔는가! 시원하고 똑똑하다는 말로 나를 꼬드기며 좋아하는 사람도 있었지만, 한편으로는 나를 증오하고 싫어하며 괴로움에 치를 떨고 있는 사람도 있을 것이다.

그런데 내 형은 삼라만상을 고루 비추는 저 태양처럼 두루두루 덕을 베풀며 화합하며 살아왔다. 세상사 호탕하게 웃으며 경찰 38년을 너무나 행복하고 즐겁게 봉직한 것이다. 호방한 진묵대사의 저 시처럼 말이다.

초목의 그림자가 켜켜이 쌓인 팔영산

팔영산 제8봉은 초목의 그림자와 푸르름이 겹쳐 쌓인다는 적취봉(591m)이다. 적취봉을 지나 팔영산 전체와 다도해의 아름다움을 다 담았다는 깃대봉(609m)에 오르자 해는 벌써 중천이다.

늦었지만, 이제라도 저 태양처럼, 저 아름다운 팔영산처럼, 호방한 진묵대사처럼, 내 형처럼 작은 티끌에 목매 쩨쩨하게 살지

않겠다고 새해 다짐을 한다. 그리고 저기 해창만에 곧 들어설 신재생 에너지 태양광발전 대단지가 위기의 지구를 구하면 좋겠다는 생각이 들었다.

  하산하는 길에 새삼 팔영산의 경관을 조망했다. 팔영산은 호남정맥이 힘차게 뻗다가 다도해 맞바람에 힘이 달린 듯 서쪽으로 기울어 동남쪽 고흥반도를 바라보며 팔경이 우뚝 선 모습이다.

  팔영산은 여덟 봉우리의 그림자가 저 멀리 한양에까지 드리워져서 붙은 이름이라고도 하고, 금계가 울고 날이 밝아오면서 붉은 해가 바다에 떠오르면 여덟 봉우리가 마치 만경창파에 떨어진 인쇄판 같다고 해서 붙은 이름이라고도 한다.

▶ 팔영산, 나의 등산로

문자와 책은
인류 문명 발달의 원동력

눈 덮인 태백산에서 보내는 편지, 책과 인생

책이 없었다면 지금의 인류 문명이 이렇게 발전할 수 없었을 것이다. 어쩌면 인류 문명사에서 가장 중요한 발명은 문자가 아닐까 하는 생각이 든다. 문자가 없다면 책도 없을 테니 말이다.

웅장하고 장엄하기로는 태백산이 으뜸

　우리 반만년 역사의 장엄한 기운이 서린 태백산에 하얀 눈이 수북이 쌓였다. 영하 17도를 밑도는 동장군에 칼바람이 불어 오장육부가 싸늘하고, 손가락이든 얼굴이든 조금이라도 바람에 노출된 부위는 날카로운 송곳으로 찔린 듯 아프도록 시리다. 하지만 등산인들은 아랑곳하지 않고 묵묵히 태백산에 오른다. 그 기백은 어디에서 비롯된 것일까?

　첫 번째, 온 세상이 하얀 별천지이니 순수하고 깨끗한, 동화 나라 수정같이 청순한 이 눈꽃에 찌들고 찌든 세파의 검은 마음을 그저 풍덩 담그고 싶은 순수한 동심의 발로일 수 있다.

　두 번째, 태백산이 백두대간의 중심에 있고, 《삼국사기》에 등장할 정도로 역사적으로 유구한 산이니 그 흔적을 온몸으로 느껴보고자 하는 의미도 있을 것이다. 태백산은 최고봉인 장군봉(1560m)과 문수봉(1517m)이 중심에 있으며, 경관이 수려하지는 않지만 사방팔방에 솟은 웅장함과 장엄함이 단연 으뜸이다. 가장 크고 밝은 산이라는 뜻처럼 태백산에 오르면 내가 얼마나 작고 어리석은 피조물인지 피부로 다가온다. 그러니 호연지기를 기르기 위한 수신의 마음으로 오르기에 제격이다.

그리고 또 하나, 산에 오르면 자연이 주는 경외감을 온몸으로 체험할 수 있다. 살아서 천년, 죽어서 천년을 산다는 저 주목처럼 인내와 기다림, 겸손함, 비워야 채워지는 심오한 철학을 배우고 일깨우고자 하는 마음의 발로다. 이러한 연유로 오늘도 등산인들의 발걸음은 태백산을 향한다.

이런저런 생각 하다 새벽 4시 30분에 기상해 8시간이 넘는 긴 여정 끝에 드디어 오후 1시쯤 태백산 정상 장군봉에 올라섰다. 눈앞에는 하늘과 맞닿은 하얀 산봉우리들이 겹겹이 천제단을 에워싸고 있었다. 나는 온 우주 만물이 나를 내려다보고 있는 듯한 경외심에 휩싸였다. 유레카! 유레카! 맞아! 바로 그거야! 그래서 천제단이 여기 있는 게로구나!

태백산은 한반도 중심에 있으면서 접근성이 좋고 1500m가 넘는 높은 산인데도 마치 평지처럼 얕은 구릉지가 산 정상에 넓게 펼쳐져 많은 사람이 운집할 수 있다. 오목렌즈처럼 우주의 기가 한 곳에 빨려드는 곳, 그래서 신을 영접하기 위한 천혜의 자연조건을 갖추고 있다.

　이 때문에 그 많고 많은 산 중에서 바로 이 태백산이 단군왕검을 비롯한 많은 선조의 마음을 사로잡은 것은 아닐까. 유구한 역사가 흐르는 동안 변함없이 이곳에서 천제를 지낸 건 아닐까. 그렇다. 만약 옛 역사서들이 남아 있지 않았다면 우리의 조상이 누구이고, 나는 누구인지를 알 수 있겠는가? 책이 없었다면 인류 문명이 이렇게 발전할 수 없었을 것이다. 어쩌면 인류 문명사에서 가장 중요한 발명은 문자가 아닐까 하는 생각이 든다. 문자가 없다면 책도 없을 테니 말이다.

태백 준령을 보며 되새기는 세 권의 책

최근에 읽은 몇 권의 책 내용이 기억에 선명하다. 기억의 파편들이 바람에 줄지어 날아가 태백 준령 골골이 박힌다. 두서는 없지만, 요점은 분명하다.

통증은 몸이 보내는 경고 신호

먼저 몬티 라이먼이 쓴 《고통의 비밀》이다. 통증은 인간이 손을 쓸 수 없을 정도의 극한의 고통이나 죽음까지 이르지 않기 위해 뇌가 자신에게 알리는 선제적 경고이며 보호 호르몬이라는 것이다. 통증이 없으면 살이 괴사하고 장기가 망가져도 지각하지 못한 채 시나브로 죽음에 이를 수 있으므로 응급조치와 치료를 위해 뇌가 내리는 일종의 비상 신호등이라는 것이다. 그런데 이따금 고통의 원인이 다 해결됐는데도 기시감이나 분위기만으로 지레짐작해 오작동 경고를 보내기도 하는데, 그것이 바로 만성 통증의 가장 유력한 여러 원인 중의 하나라는 것이다. 이와 더불어 압박감, 나쁜 습관, 운동 부족, 불안감, 사회적 고립과 스트레스가 염증 반응, 즉 고통을 가중한다. 결론적으로 만성 통증의 원인을 찾아내 근본적인 치유를 하고, 마음의 상처도 깨끗하게 씻어내서 스트레스가 쌓이지 않도록 긍정적으로 즐겁고 행복하게 살라는 주장이다.

인생이 지옥처럼 느껴질 때

《인생이 지옥처럼 느껴질 때》의 저자 마샤 리네한은 유복한 집안의 2남 3녀 중 장녀로 태어났다. 그의 어머니는 작은 시골에서 태어나 평범하게 자란 후 마샤의 고모님 댁에 가정교사로 들어갔는데, 그곳에서 남자들을 위해 미소를 머금고, 우아한 옷을 입고, 머리에 예쁜 꽃장식 등을 하는 등 마네킹 같은 모습의 요조숙녀가 되는 수업을 받고 신분 상승의 기회를 얻는다. 좋은 가문의 멋진 남편을 만나 결혼에 골인해 사모님 소리를 듣고 존경받으며 행복한 나날을 보낸다.

마샤의 어머니는 자신이 누리는 존경과 행복을 딸들도 똑같이 누리기를 바라면서 딸들의 적성이나 성격을 무시한 채 화분 속의 꽃처럼, 화려한 마네킹처럼 요조숙녀가 되도록 훈육한다.

하지만 공부 잘하고 활달한 마샤는 고3 사춘기 시절, 어머니의 억압에 자기도 모르게 우울과 분노가 한순간에 폭발해 버린다. 하루아침에 분노조절장애 환자로 둔갑하는데, 그 멀쩡하고 똑똑한 여자가 2년간 정신병원에 감금돼 잔혹한 치료를 받고 진짜 정신병자가 되어 간다.

하지만 우여곡절 끝에 감옥에서 해방된 그녀는 끊임없는 노력 끝에 박사학위를 받고, 마침내 워싱턴대학교 종신교수 타이틀을 획득한다. 그는 과거 자신이 아팠던 시절을 남들이 겪지 않도록 새로운 정신치료법 개발이라는 평생의 목표를 다부지게 펼쳐 간다. 정신병원에서 자신이 직접 겪은 고통과 아픔, 잔혹한 치료

법 대신 명상치료와 마음 챙김, 임상시험을 통해 지금까지 이 지구상에 없던 새로운 변증법적 행동 치료법을 완성한다. 그 치료법으로 많은 정신병 환자들을 어둠의 감옥에서 구해낸 것은 물론이고 2018년《타임》이 선정한 '위대한 과학자: 우리 세상을 바꾼 천재와 선구자'가 된다. 그는 이 책을 통해 왜곡된 신념이 얼마나 큰 불행을 낳는지, 또 인간이 얼마나 나약한 존재이면서 한편으로는 얼마나 강하고 위대한 존재인지를 깨닫게 됐다.

나를 나답게 만드는 것들

빌 설리번의《나를 나답게 만드는 것들》도 빼놓으면 서운해할 책이다. 이 책에 따르면 인간의 '이기적 유전자'가 종족 번식을 위해 생존에 필요한 섹스(사랑), 식사, 수면을 가장 황홀하고 즐겁고 행복한 감정으로 만들었는데, 우리 인간이 무의식적인 중독 수준으로 이들을 추구하고 행동하도록 만들었다. 그 바탕 위에 후성유전학(부모로부터 물려받는 약물 중독, 알코올, 영양 상태 등의 환경이 2세에 영향을 미치는 것들을 연구하는 학문)과 미생물총(우리 몸속에 유익균과 무익균의 미생물 총합)이 더해져 그 사람의 기분, 기질, 성격, 건강, 수명 등이 결정된다. 한마디로 한 사람의 운명이란 비범한 우연이 아니라 태교와 주위 환경 등이 결합한 필연의 산물이라는 것이다.

아이러니하게도 현대 우리 인간의 뇌는 이기적 유전자의 간절한 바람에도 불구하고 섹스라는 수십만 년 내려온 유전자의 고유한 사명이자 소명을 거부하는 정체성의 아노미를 겪고 있다는 것

이다. 옛날보다 애를 낳고 기르는 것이 어려워지고 나의 행복에 방해된다는 이유에서다. 이것이 우리가 말하는 인구 절벽의 한 원인이고, 이기적 유전자의 위기가 가속화돼 결국 로봇이 인간을 대체하고 번식력의 상실로 이어지면 머잖아 인간이 영영 사라질 수도 있다. 이러한 사태는 인류의 생존 존립의 문제로, 인간이 합심해 풀어야 할 궁극적 난제이다.

 책은 이렇게 숱한 실패와 성공, 그리고 실험과 사색의 과정과 결과를 논리 정연하게 구성하여 전달한다. 덕분에 우리 인간은 어둠 속을 나아가 광명의 신세계로 나아갈 수 있다.

인생은 유한하므로 지금 행복해야…

내가 얻은 결론은 "나는 연약하고 유한한 존재이며, 모든 만물은 아무리 몸부림쳐도 생로병사의 법칙에 따라, 약간의 시간의 차이가 있을 뿐 모두 형체도 없이 사라져 버린다"는 것이다. 그래서 "오늘을 소중히 여기고, 가치와 의미를 부여해 건강과 장수를 위해서라도 재미있고 행복하게 열심히 살아야 한다"는 것이다. 그것이 내가 이 땅에 태어난 최고의 소명이고, 내가 할 수 있는 최선의 길이 아니겠는가!

▶ 태백산, 나의 등산로

🌲 당골 매표소 - 문수봉 - 천제단 - 유일사 매표소 : 12.6km

북한산,
이토록 아름다운 산이었다니!

외국인들도 즐겨 찾는 북한산의 매력

등잔 밑이 어둡다더니, 북한산은 너무 가까이에 있어서 오히려 그 매력을 모르고 살았다는 걸 그 속에 들어가 보고서야 알았다. 오랜 풍상에 깎이고 씻겨 매끈해진 암벽들이 능선마다 병풍을 쳐 절경을 이룬다. 기암괴석의 향연장인 설악산과는 또 다른 매력이다.

진흥왕 순수비가 선 봉우리라서 비봉

어느 신문에서 요즘 외국인들이 서울에서 제일 감탄하고 주로 찾는 관광코스가 한강과 고궁, 북한산이라는 글을 읽었다. 명색이 산악인인 내가, 세계 어디에 내놓아도 손색없다고 다들 침이 마르도록 칭송해 마지 않는 북한산에 대해 정작 잘 모르고 있다는 생각이 들었다. 그래서 이번에 제대로 북한산의 매력에 흠뻑 빠져보기로 했다. 산악회 친구들과 함께 불광역에 집결해 이북5도청을 지나 북한산 비봉碑峯으로 가는 코스로 등반에 나섰다.

등잔 밑이 어둡다더니, 북한산은 너무 가까이에 있어서 오히려 그 매력을 모르고 살았다는 걸 그 속에 들어가 보고서야 알았다. 오랜 풍상에 깎이고 씻겨 매끈해진 암벽들이 능선마다 병풍을 쳐 절경을 이룬다. 기암괴석의 향연장인 설악산과는 또 다른 매력이다.

절경을 감상하며 아슬아슬 좁은 등산로를 따라 힘들면 쉬어가면서 조심조심 오르다 보니 어느덧 비봉 정상의 진흥왕 순수비가 반겼다. 비석을 자세히 들여다보니 검은 것은 글자라기보다는 글자의 흔적이요, 하얀 것은 그저 돌덩이였다. 전문가가 아닌 내 깜냥으로는 요령부득이었다.

비봉碑峯이라는 봉우리 이름 자체가 진흥왕 순수비가 세워진 데서 유래한다. 신라 진흥왕은 한강 유역을 영토로 편입한 뒤 자신이 다녀간 것을 기념하기 위해 이 비를 세웠다. 조선 후기에 추사 김정희가 발견한 뒤 판독해서 세상에 알려졌는데, 비에 새겨진 내용이 당시 삼국의 역사 연구에 귀중한 자료가 된다. 실제로 북한산은 삼국시대 전략 요충지로, 삼국 간에 치열한 쟁탈전이 벌어졌다. 진흥왕은 북한산을 순행하면서 신라의 영토임을 밝히고자 비봉에 순수비를 세운 것이다(현재 이곳의 기념비는 모조품이고 원본은 국립중앙박물관에 보관되어 있다).

고개를 들어 1600여 년 전의 정복자 진흥왕이 되어 저 멀리 아득히 보이는 한양 땅과 기암괴석으로 수놓은 북한산을 구석구석 찬찬히 바라봤다. 수려한 풍경이다. 백두대간에서 뻗어 나온 한북정맥은 추가령에서 남서 방향으로 굽이쳐 내려오다가 양주 서

남쪽에 이르러 도봉산을 만든다. 이곳에서 우이령을 넘어 남서 방향으로 한강에 이르러 다시 솟구쳐 일어난 산이 바로 이 북한산이다.

산 전체가 역사와 문화의 보고

북한산은 우리 5000년 역사와 함께한 명산으로, 대부분이 행정구역상 경기도에 속한 산이지만 서울을 상징한다. 원래 지명은 삼각산이다. 백운대와 인수봉, 만경대 세 봉우리를 삼각산이라고 한 데서 붙인 이름이다.

북한산은 세계적으로 드문 도심 속의 자연공원이다. 산지 전체가 도시지역으로 둘러싸여 생태적으로는 고립된 '섬'과도 같지만 그만큼 도시인들에게 '녹색허파'로서의 역할을 한다. 연평균 탐방객이 500만 명이다. '단위 면적당 가장 많은 탐방객이 찾는 국립공원'으로 기네스북에 올라 있다. 외국인들도 좋아할 수밖에 없는 산이다.

북한산에는 삼국시대 이래 2000년의 역사를 담은 수많은 역사·문화유적과 100여 개의 사찰 그리고 암자가 산재해 있다. 신라의 고승 원효대사가 상운사와 삼천사를 창건하고, 뒤이어 승가사와 도선사, 망월사가 창건되었다. 고려 태조 왕건은 중흥사를 창건하고, 진관사는 고려 현종이 북한산에서 승려 생활을 할 때 진관스님의 은공을 기려 그를 국사로 봉하고 창건하였다.

북한산에 조성된 북한산성은 조선 숙종 때인 1711년부터 축조하기 시작했다. 임진왜란과 병자호란으로 한양이 점령당하고 왕이 피

신하는 사태가 발생하자 수도 방비를 위해 쌓은 것이다. 남한산성과 대비해 '한강 이북의 큰 산'이란 의미로 1900년대 초부터 북한산성이라고 불렀다.

지질학적 관점으로 바라본 북한산

내가 배운 지식을 활용해 북한산을 지질학적인 관점에서 바라보았다. 우주에 떠돌던 최초의 원자와 수소가 결합하여 밀도가 높아졌고, 결국 폭발 과정에서 핵융합과 핵분열 작용으로 여러 다른 원소와 우주 물질들이 만들어진다. 그 수많은 물질이 음과 양의

여러 형태로 자유분방하게 결합했다가 흩어지는 생로병사의 반복과 순환 과정의 하나일 뿐이다.

47억 년 전, 우주를 떠돌던 먼지가 결합하여 불덩어리 지구가 만들어지고 그 지표면이 차츰 식어 오늘날의 땅 형태가 되었지만, 땅속 깊은 곳은 아직도 불덩어리 마그마 형태로 남아 있다. 그것들이 어떤 충격이나 밀도를 이겨내지 못하고 폭발하는데, 그것이 바로 화산이다. 북한산도 그 화산과 오랜 세월의 풍화작용이 만들어낸 작품이다.

북한산 비봉에서 절경을 감상한 뒤 우리는 사모관대의 형상을 띤 사모바위를 바라보며 간식을 펼쳐서 나눠 먹었다.

하산하면서 이런 생각을 했다. 등산은 참으로 인내의 꿀맛을 맛보게 하는 마술이 아닌가! 정상에 오르기까지는 그저 높은 산을 올려다보며 묵묵히 걸음을 옮겨야 한다. 천근만근 발걸음이 무거워도 정상에 오를 그 기쁨을 생각하며 한발 한발 내디딘다. 정상에 서면 이제는 아래를 내려다보게 된다. 오를 때의 겸손한 마음은 간데없고 정상에 올랐다는 자부심이 가득하다.

하지만 그 즐거움도 잠깐이다. 다시 내려와야 하는 수고를 감당해야 한다. 인간사회도 그렇지만, 산도 내려올 때가 더 위험하다. 방심은 금물이다. 대자연 앞에서는 인간이란 한낱 먼지요 티끌이다. 산에서는 그 대자연의 법칙을 배우고 그에 순응해야 한다.

▶ 북한산, 나의 등산로

🌲 도봉탐방지원센터 - 도봉사 - 금강암 - 마당바위 - 신선대 : 4.3km

송년 산행과
두 아들 이야기

관악산에서 한 해를 보내는 특별한 감회

관악산은 산악인들이 한 해를 보내고, 또 새해를 맞는 성지 같은 곳이다. 서울·경기 사람이라면 송년 산행이나 신년 산행은 멀리 가지 않고 대개 관악산을 찾는다. 나 역시 관악산에 올라 묵은해를 떠나보내며 새롭게 새해를 맞을 마음의 준비를 한다. 이번 송년 산행은 두 아들 이야기로, 감회가 특별하다.

다양한 모습의 명산, 관악산

관악산은 다른 산에서는 찾아보기 어려운 국기봉이 11개나 있고, 정상에는 우주선처럼 보이는 대형 방송국 송신탑과 기상레이더가 있어 신비롭고 이국적이다.

관악산은 접근성이 좋아 수도권에 사는 등산인이라면 해마다 몇 번씩은 가게 된다. 보통사람들의 체력에 딱 맞는 높이의 산으로 나름 장엄하면서도 아름답기까지 하다. 정상에 오르면 인천 계양산, 강화도 마니산, 북한산, 남산, 남한산성, 한강, 과천 등 서울 시가지가 거의 다 보일 정도로 전망이 좋다.

해마다 700만 명 정도가 오르는 산이라 그런지 사방팔방 오밀조밀 등산로도 많다. 그처럼 많은 사람이 찾아서일까? 등산로 바닥의 낙엽들은 허다한 등산객들의 발에 밟혀서 너덜너덜 누더기가 된 채 나뒹굴고 있었다.

어느 쓰라린 인생 이야기

잘 닦인 정상길을 오르면서 내 머릿속에는 어제 만난 분의 고통스러운 가족사가 충격으로 남아 있었다. 그는 남쪽 바다 부잣집 무남독녀로, 아버지가 선주여서 남부럽지 않게 부유하게 자랐다. 당시만 해도 남존여비 전통이 뿌리 깊어서 어머니는 아들을 못 낳는다고 시어머니는 물론 가족들에게 구박을 받았고, 마침내 성화에 못 이긴 아버지는 첩까지 얻었지만 끝내 아들을 보지 못했다.

그는 스무 살 무렵, 일면식만 있는 여덟 살 연상의 남자와 얼떨결에 결혼했다. 아버지가 "저 사람은 무식하고 의지가 약해 너를 되게 고생시킬 놈이니 절대 결혼하지 말라"고 반대했지만, 그 남자가 고등학교 생활기록부까지 떼와서 공부도 이렇게 잘했고 아이큐도 125여서 후손도 똑똑할 것이고, 지금부터 성실히 노력하며 자기만 사랑하며 살겠다는 꾐에 넘어가 그만 그 남자와 결혼했다.

하지만 아버지가 예견한 대로 남편은 노름과 유흥에 빠져서 평생을 반백수로 살면서 아내를 괴롭혔다. 최근 6개월 동안은 아예 방에 드러누워 술만 먹는다. 다행히 자식은 아버지의 좋은 머리를 물려받았는지 공부를 곧잘 했다. 그래서 남편 복은 없어도 자식 복은 있구나 싶어서 자식 교육에 모든 정성을 쏟았다. 부유하지는 않았지만 물려받은 유산으로 학원도 보내고, 치맛바람으로 반장에 학생회장도 시켰다. 학과 숙제까지 해줄 정도로 오냐오냐 응석받이로 자식을 키웠다. 그게 자식 사랑이라고 여겼다. 남편이 망친 자기 인생을 보상받고, 자존감을 살리기 위해서 그랬다는 점도 인정했다. 아들은 중학교 1학년 때까지는 공부도 잘하고 부모 말도 잘 듣는 모범생이었다.

그러나 고학년이 되자 인내심과 자립심을 기르지 못한 아이는 높은 수준의 고등수업을 버거워하다가 공부에 흥미를 잃었다. 당연히 성적은 곤두박질쳤다. 급기야 불량친구들과 어울리면서 세월을 허송하더니 대학 진학에 실패하고 방에 틀어박혀 컴퓨터 게임에만 빠져있다는 것이다.

남편이 사업한다며 유산으로 받은 재산마저 다 날려 먹고, 그녀는 평생을 밤낮으로 험한 일을 마다치 않고 아등바등 온몸으로 자

식 뒷바라지를 했다. 어느덧 자식 나이가 서른이 넘었는데도 응석받이여서 어떤 회사에 들여놓아도 석 달을 못 버티고 뛰쳐나왔다.

뭐라고 좀 타박이라도 하면 "엄마! 나 힘들어!" 하며 닭똥 같은 눈물을 뚝뚝 흘리니 안쓰러워서 "그래, 그래" 하며 그 응석을 받아주고 만다. 아들은 이젠 평생 놀고먹자는 심산인지 취업 의지도 전혀 없는 데다가 내가 알아서 할 테니 잔소리 그만하라며 되레 큰소리친다. 그렇게 부자가 집에서 놈팡이로 뒹굴다 보니 치고받고 싸움박질하는 것이 일과가 되었다. 자식놈은 "이 모든 것은 아버지를 닮아 보고 배운 것"이라며 자기 아버지를 탓하고 악담한다고 한다.

세상에! 아비도 몰라보는 이런 아들이 있구나, 싶어 너무나 씁쓸하고 안타까웠다.

아들의 모습에서 떠오른 내 젊은 시절

그분의 가슴 아픈 이야기를 듣다가 도전 6년 만에 경찰시험에 합격한 내 아들을 생각하며 진정 올바른 자식 교육법은 무엇일까 하는 상념에 빠졌다. 나는 자식은 독립된 또 다른 하나의 소우주라고 여기고 스스로 노력해 자립하기를 바라며 별 간섭 없이 방목형으로 키웠다.

그렇게 아들은 평범하게 자라서 또래들처럼 대학에 진학하고, DMZ 비무장지대에서 수색대원으로 병역의 의무를 마쳤다. 막 제대한 아들은 어느 날 경찰공무원 시험 기출문제를 풀어보더니 되게 쉽다며 휴학을 하고는 시험 준비에 들어갔다.

1년 만에 꼭 합격하겠다고 호언장담했지만, 어디 세상일이 마음대로 되던가! 갓 제대한 아들이 세상 물정을 몰라 대한민국 공무원 시험을 우습게 보더니 큰코다치고 만 것이다. 3년 연속 합격선 근처도 못 가보고 낙방을 거듭하자 아들은 점차 나약해지고 자존감이 낮아져 삶의 의욕마저 잃어 갔다. 자신의 예상 점수를 너무나 잘 아는 아들은 시험 날짜가 가까이 오면 부모에게 미안하고 자신감이 없어서인지 안절부절못하면서 딴청을 부리고 공부를 더 안 했다.

그러던 어느 날 아들은 시험공부를 완전히 포기했는지 화학 공장 생산직 직원으로 입사했다.

난생처음 냉혹한 사회생활을 경험하고 자기 몸으로 직접 돈을 벌어본 것이다.

아들의 그런 모습을 보자니 내가 군을 제대하고 금방 돈 벌어 우리 집을 부자로 만들겠다며 제철소 직공으로, 식당 종업원으로, 세차원으로, 벽돌공으로 떠돌던 시절이 생각났다. 냉혹한 사회현실을 깨달은 나는 학교로 돌아가 도시락을 2개씩 싸서 다니며 도서관에서 아침 7시부터 새벽 2시까지 공부했다. 귀갓길에 하늘의 반짝이는 별을 보자면 벅차오르는 희열을 주체할 수 없었다. 나는 아들의 모습에서 내 젊은 시절을 떠올리며, 그런 인고의 시간이 없었다면 과연 나는 어떤 사람이 되었을까, 생각했다. 그러니 지금의 힘든 시간이 어쩌면 아들에게도 보약이 될 수 있겠다고 생각했다.

산업 현장에서 6개월을 고생한 아들은 다시 마음을 다잡고 학교로 돌아가 시험공부를 이어갔다. 아들은 학과 공부와 병행하면서 나름대로 열심히 시험 준비를 하는 듯 보였지만 그 뒤로도 시험을 볼 때마다 떨어지고는 자신 없어 했다. 솔직히 나와 아내는 그만 포기하는 것이 낫겠다 싶었지만, 끝내 포기하지 않는 아들을 보면서 한편으론 대견하기도 했다. 그래도 날마다 걱정은 자랐다. 그렇다고 무슨 대안이 있는 것도 아니어서 우리는 몇 년 동안 묵묵히 뒷바라지하면서 영혼 없는 격려나마 아끼지 않았다.

지성이면 감천이라고 했던가! 바뀐 시험제도가 아들에게 유리하게 작용한 데다가 아들은 그 어느 때보다 의욕적으로 시험을 준비하더니 기어이 합격했다. 때가 되면 될 것은 다 된다고 한 어느 노스님의 말씀이 새삼 가슴을 쳤다.

겨우 말단 순경 시험에 합격한 걸 가지고 호들갑을 떠느냐고 하는 사람도 있을 테지만, 무려 6년의 각고 끝에 이룬 꿈이다.

연주대에서 바라본, 노을 지는 서울

관악산 정상 연주대에 올라 파란 하늘 아래 펼쳐진 대자연과 인공미의 극치로 휘황찬란한 수도 서울을 바라봤다. 왜 내 친구들은 정상을 오르지 않고, 나만 정상에 힘들게 올라왔을까? 어느 중년 여사님의 아들과 내 아들의 차이는 뭘까? 그것은 지게로 우주를 짊어지고 가신 나의 아버지와 머리로 우주를 이고 사신 어머니, 두 분의 좀 더 인내하고 참아내는 유전자 덕분이 아니었을까?

 "태산이 높다 하되 하늘 아래 뫼이로다. 오르고 또 오르면 못 오를 리 없건마는 사람들은 올라보지도 않고 산만 높다 하더라"는 시조가 떠올랐다. 그리고 보면 이 세상에서 자식에게 물려줄 최고의 선물은 과보호가 아니라 자립심을 키워주는 것일 것이다.

 자식교육과 아들 생각에 빠져 걷다 보니 어느새 관악산을 다 내려왔다. 정상을 다녀온 기분에 뒤풀이 집으로 달려가 멋진 친구들과 축하주를 함께 했다. 역시 산행하며 땀 흘린 후 마시는 막걸리 맛이 최고다!

▶ 관악산, 나의 등산로

인생에서 향기가
폴폴 나는 친구를 만나

감악산 빗속 안개에 잠겨 듣는 인생 철학

어쩌다 우리 인간은 물질만능주의에 빠져 진짜 소중한 것을 망각하고 남과 비교하여 자기 처지를 한탄하고 비관하는 인생을 살게 되었을까? 산야의 들꽃이나 창공의 독수리만 봐도, 지저귀는 새 소리나 졸졸거리는 시냇물 소리만 들어도 얼마든지 즐겁고 행복할 수 있는데…. 오늘 하루 멋진 친구가 들려주는 주옥 같은 인생 철학에 흠뻑 빠져들었다.

그 친구의 향기 나는 생활철학

2023년 1월 14일, 기온이 영상 14도까지 올라가고 철쭉이 계절 감각을 잃고 만개한 이상기후 속에 이틀 연속 비가 내렸다. 그 덕분에 초등학교 친구 마나님들과의 청계산 산행은 무기한 연기됐고, 대신 감악산 산행으로 일정을 변경했다. 그리고 그날 운명처럼, 잘 익어 인간의 향기가 나는 그 친구를 만나게 됐다.

감악산 등산을 위해 약속 장소로 가는 길, 친구가 운전하는 깔끔한 고급 세단의 오디오에서는 매혹적인 클래식 음악이 흘렀다. 요한슈트라우스의 왈츠곡, 티볼리의 소풍, 슈베르트의 겨울 나그네가 이어지더니 뒤이어 모차르트의 황홀한 음악이 내 귀를 즐겁게 했다. 목련화, 향수, 고향 생각, 보리밭… 가슴을 따뜻하게 해주는 우리 가곡들이 흘러나왔다.

내 마음은 어느새 세월을 거슬러 추억 속 고향 마을로 달려가고 있었다. 청보리가 파랗게 올라온 저쪽 너머에서는 노란 원피스를

입고 수줍게 미소 짓던 옆집 소녀가 있었다. 찔레꽃, 아까시나무 꽃, 진달래, 개나리, 감꽃, 벚꽃, 들꽃이 흐드러진 뒷동산에는 옛 고향 친구들의 그리운 얼굴도 보였다. 추억에 잠긴 중에 친구의 묵직한 목소리가 아름다운 선율을 뚫고 내 귀에 들어왔다.

"친구! 나는 일주일에 5일 동안은 밤낮으로 많은 이들의 세상에 찌든 한숨 소리를 들으면서 긴장과 스트레스 속에서 법무사로 일하고 있네. 주말이면 사람들은 대개 스트레스를 풀기 위해 술을 마시거나 골프를 치거나 노름을 하거나 이성 친구를 만나거나 하지. 그런데 나는 그런 것들은 일절 하지 않고 고생하는 나를 위해 1억 정도의 최고급 세단 두 대를 사서 주말이나 휴일에는 인간의 때가 묻지 않는 곳, 비닐하우스가 없이 끝없이 펼쳐진 연천의 넓은 들판, 고창의 청보리밭, 강원도 첩첩산중 인간의 발길이 닿지 않는 시골길, 물안개 피어오르는 호수와 저수지를 찾아다니며 지금 우리가 듣고 있는 클래식 음악을 듣는다네. 그러면 나 자신이 자연과 동화되어 긴장과 스트레스는 어디론가 날아가 버리고 그동안의 걱정과 피로를 다 녹여준다네. 그리고 속으로 다짐하지. 인간으로서, 인간답게 살자. 술 사주고 로비하고 남의 비위 맞춰 일감 따내서 먹고 사는 것이 아니라 항상 내가 먼저 다가가 인사하고, 작은 호의에도 정성을 다해 꼭 답례하고, 하나를 주면 두 개를 돌려준다는 마음으로 살자고. 그런 마음으로 살면서 경험과 신뢰를 쌓고 누구에게나 인간적으로 다가갔더니 내가 조금 실력이 못 미쳐도, 남들이 나를 이렇게 만들어 주네. 이 얼마나 감사하고 고마운 일인가!"

마치 잘 익은 술독에 빠진 느낌이었다. 인간의 아름다운 향기가 진동하며 그 친구가 달라 보였다. 생각할수록 곱씹을 만한 이야기였다. 그렇게 아름다운 음악과 인간의 향기에 취해 감악산 기슭 주차장에 도착했다. 여전히 비는 부슬부슬 내리고 있었다.

긴 여운으로 남은, 안개 싸인 감악산행

빗속 산행임에도 누구 하나 빠진 친구 없이 9명 전원이 도착해 감악산을 오르기 시작했다. 비에 젖은 몰골이 영락없이 패잔병의 모습이었지만, 우리는 형형색색 챙겨 온 우의를 입고, 40년이 넘은 지기답게 왁자지껄 화기애애 웃음꽃을 피웠다.

100여 미터를 오르자 그 유명한 감악산 출렁다리가 나타났다. 그 너머로 몽롱하게 피어오른 운무가 환상적이었다. 비에 젖은 감악산을 휘감은 운무는 꿈결 같은 세계로 나를 이끌었다. 신선이 산다는 선계仙界가 이러할까?

우리는 감악산의 악귀봉, 장군봉, 임꺽정봉(매봉제)을 차례로 올랐다. 감악산은 예부터 바위 사이로 검은빛과 푸른빛이 동시에 흘러나온다 해서 붙은 이름이다. 감악산 일대는 광활한 평야 지대여서 삼국시대부터 모두가 탐내는 전략적 요충지였다. 한국전쟁 때도 격전이 벌어져 피로 물든 지역이다.

임꺽정봉은 조선 명종 때 의적 임꺽정이 관군을 피해 숨어 지내던 곳으로 알려져 있다. 맑은 날 산 정상에 서면 임진강 하류의 비옥한 평야와 개성의 송악산도 보인다는데 안타깝게도 오늘은 운무가 앞을 가렸다.

마침내 천 길 낭떠러지 바위 머리 위 뿌리를 묻고 푸르른 절개를 꿋꿋이 지키며 고귀한 자태를 뽐내는 한 그루 소나무에 경의를 표하며 감악산 정상(675m)에 올랐다. 그곳에는 며칠 전 신문에서 봤던 감악산비가 처량하게 서 있다. 무른 화강암 비서이라서 오랜 세월 풍파로 글자가 모두 사라진 몰자비沒字碑라고 했다. 최근 한 학자가 사라진 글자 속에서 다른 진흥왕 순수비에 나오는 전典자를 찾았다며 제5의 진흥왕 순수비라고 주장한 글이 생각났다. 내 눈에는 아무리 씻고 봐도 맹탕인데….

감악산비 정상 바로 아래에 있는 정자에서 휴식을 취하며 요기를 한 뒤에 하산했다. 내려오는 길에는 법륜사에 들러 이국적인 모습의 동자승을 보았다.

음악과 인생의 향기에 취하는 귀갓길

돌아오는 길, 아침처럼 다시 고급 세단에 기대어 감미롭게 흘러나오는 클래식 음악을 감상했다. 아름다운 음악은 세파에 찌든 내 마음을 평화롭게 만들어줬다.

어쩌다 우리 인간은 물질만능주의에 빠져 진짜 소중한 것을 망각하고 남과 비교하여 자기 처지를 한탄하고 비관하는 인생을 살게 되었을까? 산야의 들꽃이나 창공의 독수리만 봐도, 지저귀는 새 소리나 졸졸거리는 시냇물 소리만 들어도 얼마든지 즐겁고 행복할 수 있는데…. 오늘 하루 멋진 친구가 들려주는 주옥 같은 인생 철학에 흠뻑 빠져들었다.

그리고 집에 도착한 그날, 잘 무르익어가는 향내의 여운을 잊지 않기 위해 생전 처음으로 베토벤의 전원교향곡 5악장 전체를 감상하는 즐거움을 맛봤다. 아름다운 음악을 들으며 인간의 향기에 취했던, 잊을 수 없는 산행이었다.

▶ 감악산, 나의 등산로

무엇이 진정으로
가치 있는 삶인가

서울 가양동 궁산에 올라 생각하는 위인들 그리고 누님

내가 정말로 중요하게 생각한 것은, 누님은 항상 바르고 당당하고 긍정적이라는 것이다. 그리고 이웃에 살갑고 부드럽고 따뜻했다. 이런 내 누님의 삶이 진정으로 성공한 삶이고, 최고로 의미 있고 가치 있는 삶이라고 믿는다.

궁산의 유래, 겸재가 놀던 소악루 풍경

　입춘도 지난 지 한참 된 겨울 끝자리 오후. 땅속 깊은 곳에서부터 역동하는 봄의 전령사에 이끌려 서울 궁산宮山으로 향했다. 궁산 인근에는 서울식물원과 겸재 정선 미술관, 양천향교가 있다. 회사 근처라서 평소에도 산책 삼아 자주 가는 이 야트막한 산 (76m) 입구에는 아름다운 솔길이 있다. 그리고 산 서쪽에는 군락을 이룬 솔숲이 있어 피톤치드 세례를 받는 느낌이 드는가 싶으면 벌써 궁산 정상이다.

　눈앞에는 수묵화 물감을 뿌려놓은 듯한 전경이 펼쳐졌다. 아담한 마당이 평평하게 펼쳐져 있고, 소나무 몇 그루와 겨우 눈썹만 한 넓이의 억새가 유유히 흐르는 한강을 내려다보면서, 찬란한 새봄을 기다린다.

　궁산은 삼국시대에는 파산이라 불렸고, 산성이 있어 성산이라

고 부르기도 했다. 이후 산자락에 있는 양천향교에서 공자를 배향하고 있어 귀하고 중하다는 의미를 담아 궁산이라고 불렀다.

임진왜란 때는 궁산의 산성에서 관군과 의병이 진을 치고 한강 건너편 행주산성에 주둔하는 권율 장군과 함께 왜적을 물리친 역사적인 곳이기도 하다. 조선의 도성을 수비하는 전략적 요충이지만 평시에는 바로 아래 한강에서 뱃놀이와 풍류를 즐기는 명소로 유명했다.

영조 대에 궁산 인근에 소악루小岳樓가 들어섰다. 진경산수화의 대가로 명성을 날리다가 환갑이 넘은 나이에 양천 현감으로 부임한 겸재 정선(1676~1759)은 이 소악루의 풍광에 취해 뛰어난 산수화 작품을 많이 남겼다.

우리 역사를 수놓은 위대한 인물들

나도 잠시 정선의 마음을 느껴보고자 소악루에 앉았다. 유유자적 흐르는 한강과 피어오르는 뭉게구름, 쉼 없이 내달리는 강변도로, 아련한 북한산과 하늘공원, 소소한 낭만을 싣고 인천공항을 향해 내달리는 마곡 철도를 물끄러미 바라보자니 최근에 생가와 사당을 직접 찾아가 본 역사 인물들이 떠올랐다.

청산리 대첩의 별 김좌진

홍성군 인물 탐방 여행에서 인상 깊게 본 김좌진(1889~1930) 장

군이 제일 먼저 떠올랐다. 홍성의 김좌진 생가는 아담한 산자락, 제법 큰 하천, 앞이 확 트인 전형적인 배산임수 명당자리에 자리 잡고 있다.

장군의 집안은 홍성에서 제일 부유한 명문가인데, 장군은 비교적 자유스러운 둘째로 태어나서 일찍이 한학을 배우는 한편으로 무예를 수련하면서 호연지기를 길렀다.

김좌진은 열일곱 살 무렵에 한양에서 신교육을 받고 큰 깨우침을 얻었다. 아버지가 세상을 뜨고 형이 가까운 일가에 양자로 가면서 집안의 가장이 된 김좌진은 30여 명의 노비를 해방하고 재산을 나눠 주었다. 그리고 저택을 호명학교湖明學校로 개조하여 후학을 가르쳤다. 그는 시대의 선각자로서 노블레스 오블리주 실천에도 앞장섰다.

만주로 망명한 김좌진은 광복군 대한군정서 사령관이 되어 1920년 10월 21~25일 닷새간 벌어진 청산리전투에서 우리 독립전쟁사에 길이 남을 대첩을 거두었다. 그러나 안타깝게도 1930년 1월 24일, 고려공산당 청년 당원 박상실의 흉탄에 스러지고 만다. 41세, 한창나이에 장군은 "할 일이 너무나 많은 이때 죽어야 한다니 그게 한스러워서…."라는 마지막 말을 남기고 순국했다.

독립투사이자 불교혁명가이자 저항시인, 만해

김좌진 생가에서 5.3km 떨어진 곳에는 만해 한용운(1879~1944)의 생가가 있다. 낮은 산들로 둘러싸인 야산 중턱의 한적한 곳에 자리 잡은 생가는 적요하다.

한용운은 부유한 집안에서 태어나 일찍이 학문을 닦았다. 가정을 이루고 평범하게 살다가 뜻한 바 있어 설악산 백담사 오세암으로 출가했다. 학문에 정진하면서 깨달음을 얻은 한용운은 혼자만의 열반을 넘어 조선 민중에게 부처의 가르침을 전하기 위해 안간힘을 다한다. 그러는 가운데 《조선불교유신론》이나 《님의 침묵》과 같은 세기의 명저를 내놓는가 하면, 3.1운동 때는 불교계를 대표하여 민족 대표 33인으로 나섰다가 옥고를 치르는 고초를 겪기도 했다.

《님의 침묵》에 수록된 주옥 같은 시들에는 '님'의 이미지가 강렬하게 투영되어 나타난다. 불교적 의미의 '님'을 자연으로 형상화한 고도의 은유법으로 독립정신과 민족정신을 나타낸다. 그래서 만해의 시는 저항 문학의 백미로 꼽힌다. 1944년 6월 29일, 만해는 그토록 염원하던 조국의 해방을 눈앞에 두고 세수 66세의 나이에 심우장에서 열반에 들었다.

천재 학자이자 만고의 충신, 성삼문

내친 발걸음은 성삼문(1418~1456)의 생가로 이어졌다. 한용운 생가에서 20km쯤 떨어진 작은 마을 어귀에 사당이 있다. 생가와 사당이 있는 홍성은 성삼문의 외가인데, 태어난 뒤로는 대부분 한양에서 생활했다. 일찍이 천재로 소문난 성삼문은 과거에 응시해 장원급제하고 세종의 총애를 받아 집현전 학자로서 훈민정음 창제에 크게 공헌했다.

 세종을 이은 문종이 일찍 병사하자 수양대군이 어린 조카 단종을 죽이고 왕위를 찬탈했다. 두 임금을 섬길 수 없다는 불사이군의 충심이 몸에 밴 성삼문은 단종 복위를 꾀하다가 동지의 밀고로 실패했다. 그를 비롯한 사육신은 멸문지화를 당했지만, 만고의 충신으로 역사에 길이 남았다.

최영, 잘못 놓은 마지막 한 수

 마지막 행선지는 최영(1316~1388) 장군의 사당이다. 신기하게도 성삼문 사당과 가깝게 있었다. 최영은 마지막까지 고려를 지킨 충신이자 영웅이지만, 한순간의 오판으로 이성계에게 500년 고려 사직을 가져다 바친 꼴이 되고 말았다. 최영은 적장들까지도 경외할 정도로 위대한 장군이었지만 무모하게 요동 정벌을 밀어붙이다가 이성계에게 위화도 회군의 빌미를 줌으로써 하루아침에 몰락하고 만다. 그는 "내가 평생 한 번이라도 사사로운 욕심을 품었다면 내 무덤에 풀이 날 것이요, 그렇지 않았다면 풀이 나지 않을 것"이라는 말을 남기고, 고려 백성들의 가슴 속 영원한 별이 되어 스러졌다.

 앞서 언급한 겸재 정선을 비롯하여 위에서 언급한 인물들은 모두 역사에 길이 남을 위인들이다. 하지만 이들도 불완전한 인간인지라 약점이 있고 잘못된 행보도 있다. 김좌진은 다른 사람에게 너무 엄격했고, 성삼문은 융통성이 없어서 임기응변에 약했으며, 최영은 국제 정세에 어두웠고, 한용운은 종종 승려의 신분에 어긋나는 언행을 일삼기도 했다.

그리고 보면 사람들의 신념과 성공의 잣대는 때에 따라, 시각에 따라 다를 수 있다. 결국, 그 평가는 각자의 생각에 달렸다.

그렇다면 이런 위인들 말고 우리 평범한 사람들에게 최고의 멋진 삶은 어떤 삶일까? 어쩌면 숱한 파고를 슬기롭게 뛰어넘어 이제는 거울 앞에 예쁘게 선, 내 둘째 누님의 삶일 수도 있겠다고 생각했다.

최고로 멋진 사람, 진정으로 멋진 삶

두메산골 가난한 농부의 3남 3녀 중 둘째딸로 태어난 누님은 초등학교를 마친 뒤 상급학교 진학을 갈망했지만, 가정 형편상 어린 나이에 방직 공장에 취업해야 했다. 밤을 새우며 피땀 흘려 번 돈으로 가난한 산골에 TV 등 세간을 사서 보내는 등 신문명을 보급하고 논밭을 사는 데도 아낌없이 헌신한다. 더불어 두 동생을 도시에 유학시켜 부끄럽지 않은 삶을 살아갈 수 있도록 보살폈고, 세계 문학 전집 같은 비싼 양서를 사주어 지식과 지혜의 광명에 눈뜨게 해주었다.

누님은 날씬한 맵시에 보기 드문 미인이어서 조건 좋은 혼처도

많았지만, 가난해도 성실하고 인품 좋은 남편을 만나 한 번도 흐트러진 모습을 보여주지 않고 정말 열심히 살았다. 1남 3녀를 기르고 가르치기 위해, 새벽같이 일어나 도회지까지 버스를 타고 오갔다.

다리가 퉁퉁 붓도록 걸어서 화장품을 팔러 다니고, 밤늦게까지 식당 일도 마다치 않았다. 부모님 생신이나 명절 때에는 작은 선물에 미안해하면서, 또 그것을 만회하려는 듯 부부가 집안 궂은일을 도맡아 하는 등 정성을 다했다.

그렇게 열심히 살았지만, 사는 게 너무 힘들어 누님은 수십 번 병원 신세를 지고, 매형은 암에 걸리기도 했다. 그래도 누님은 오뚝이처럼 일어났다. 언제나 잘될 것이라는 신념과 기도로 어려움을 이겨냈다. 드디어 2주 전 큰딸을 끝으로 1남 3녀 모두를 대학까지 가르치고 출가시켰다.

그런데 내가 정말로 중요하게 생각한 것은, 누님은 항상 바르고 당당하고 긍정적이라는 것이다. 그리고 이웃에 살갑고 부드럽고 따뜻했다. 이런 내 누님의 삶이 진정으로 성공한 삶이고, 최고로 의미 있고 가치 있는 삶이라고 믿는다. 그런 누님에게 새삼 감사하고 응원을 보낸다.

입춘 지나면 사실상 봄이라는데, 한강에서 불어오는 바람은 아직 맵다. 그래도 곧 봄은 오고야 말 것이다. 사랑하는 내 누님에게도 어서 새봄이 가득하기를.

등산 꿀팁

산악인의 마음가짐과 등산 기본 수칙

1. 산악인의 마음가짐
- 망설임 없이 새로운 세계를 탐색한다.
- 열정과 협동으로 어떤 난관도 극복한다.
- 산악인은 대자연과 하나로 어우러진다.
- 산악인은 자유와 평화를 사랑한다.

2. 등산 기본 수칙
- 비상사태에 대비하여 가족에게 여행 일정을 남긴다.
- 필수 의복, 식량, 장비는 항상 휴대하고 다닌다.
- 등반팀의 최소 인원은 3명. 빙하에서는 적어도 2팀이 동행해야 한다.
- 추락 위험지와 빙하에서는 항상 로프를 묶고 움직인다.
- 항상 팀과 같이 움직이고, 리더의 안내에 따른다.
- 자신의 능력이나 지식을 벗어나는 등반은 삼간다.
- 어떤 흔적이나 쓰레기도 남기지 않는다.

3. 등산 필수품
길 찾기(지도, 나침반), 태양으로부터의 보호(선글라스와 자외선차단제), 보온(여벌 옷, 양말), 조명(헤드램프, 손전등), 응급 처치(응급 처치 기구와 약품), 불(착화물, 성냥), 수선구(칼), 영양 공급(비상식량), 수분 공급(충분한 물), 비상대피처(우의, 비닐 휴대)

4. 등산 보행법
- 등산 전 신체 각 부위를 충분히 스트레칭한다.
- 물을 조금 마시고 출발 컨디션을 조절한다.
- 물집이 생길 만한 곳에는 물집 방지 반창고를 붙인다.
- 배낭끈, 신발끈은 미리 알맞게 조절한다.
- 수시로 쓰는 물품(간식, 물, 모자, 장갑, 선글라스 등)은 배낭 바깥주머니에 넣는다.
- 스틱과 피켈은 배낭 바깥에 매달아 지형이 험해지면 즉시 쓸 수 있도록 한다.
- 등산 시 무릎 보호대와 스틱 등을 일상화하여 자기 몸을 미리 지킨다.